U0933779

百部青少年爱国主义教育读本

永·远·的·丰★碑·系·列

全国爱国主义教育基地·湘鄂卷

杨江华◎编著

团结出版社

UNITY PRESS

图书在版编目（CIP）数据

全国爱国主义教育基地. 湘鄂卷 / 杨江华编著. -- 北京 : 团结出版社, 2013.4 （2021.6 重印）

（百部青少年爱国主义教育读本. 永远的丰碑系列）

ISBN 978-7-5126-1727-8

Ⅰ. ①全… Ⅱ. ①杨… Ⅲ. ①爱国主义教育 – 中国 – 青年读物②爱国主义教育 – 中国 – 少年读物 Ⅳ. ①D647-49

中国版本图书馆 CIP 数据核字(2013)第 065628 号

出　版：团结出版社

（北京市东城区东皇城根南街 84 号　邮编：100006）

电　话：(010)65228880　65244790

E–mail：65244790@163.com

经　销：全国新华书店

印　制：三河市信达兴印刷有限公司

开　本：710×1000 毫米　1/16

印　张：10

字　数：140 千字

版　次：2013 年 4 月　第 1 版

印　次：2021 年 6 月　第 2 次印刷

书　号：978-7-5126-1727-8 / D.353

定　价：36.00 元

写在“百部青少年爱国主义教育读本”书前

中国人民大学中共党史系主任、博士生导师
中国中共党史人物研究会副会长
杨凤城

十年树木，百年树人。

对青少年进行爱国主义教育需要从长计议。今天的信息技术还在高速发展中，传播速度极为惊人，世界范围内的各种思想文化在人们的精神世界中相互激荡碰撞。弘扬和培育以爱国主义为核心的民族精神，是国民教育的重要任务，务必在精神文明建设过程中一以贯之，不容忽视，更不得有一丝松懈。

大处着眼，一个民族的精神必须适应时代发展的潮流，跟得上历史进程的趋势。小处着手，爱国主义教育尤其是对青少年的爱国主义教育工作，务必落实下来，落到实处，并且需要一个饶有兴味的形式呈现出来。惟其如此，爱国主义的精神气脉才能入乎眼耳，存乎心胸，真正成为个体生命的一部分。

中国人民百年来反对外来侵略和压迫，反抗腐朽统治，争取民族独立和解放，前赴后继，浴血奋斗的精神和业绩，可谓感天动地；中国共产党领导全国人民为建立新中国而英勇奋斗的崇高精神和光辉业绩，可与日月同辉。中国历史上尤其是中国近现代史上涌现出的著名爱国者、民族英雄、革命先烈和杰出人物，以及新中国成立以后涌现出的许许多多的英雄模范人物，他们是青少年爱国主义教育中最新鲜、最活泼、最具说服力的素材。

因此，对青少年推进行之有效的爱国主义教育，要突出和加强中国近现代史，尤其是中国共产党诞生之后的革命主题和红色主旋律的宣传。

“百部青少年爱国主义教育读本”系列丛书，以“弘扬红色主旋律”、“结合现实问题”为原则进行编写，紧紧围绕爱国主义教育的核心价值体系——爱党、爱祖国、爱社会主义，从历史到现实，从物质文明到精神文明，从自然风光到物产资源，对最广大的青少年进行丰富多彩、生动活泼的爱国主义教育，可谓正当其时，难能可贵。

眼前的系列读本，不禁让人眼前一亮，心生喜悦。编著者极力求其“真”——尊重史实的前提下，用生动活泼的语言讲述一个个真实可感的故事；尽力得其“趣”——饱含深情的语句让人物、事件在书中“活”了起来，“动”了起来，革命前辈的精神气息、信念品格扑面而来，感染着我们，感动着我们；竭力求其“美”——体例结构精心设计，又有大量珍贵历史图片资料作为辅助，更符合青少年的阅读习惯。一项项尽心尽力的创意和编辑工作，充分保证了这一系列读本的阅读价值。

寄望能通过快乐的阅读、有效的阅读，让孩子们的心灵之镜更明亮，让年轻一代的精神家园更加美好！

是为序。

2012 年 9 月 26 日

目 录

Contents >>>

湖南省

湖北省

湖南省

湖南，简称「湘」，因大部分地处洞庭湖之南，故称「湖南」。

这里历史悠久，人文荟萃，名人辈出。「惟楚有才，于斯为盛」，中华民族始祖炎帝长眠于此，著名诗人屈原幻化民族之魂；日出韶山，一代伟人毛泽东，从这里踏上革命之路；开国元勋贺龙，满门忠烈……「湖广熟，天下足」的湖南，充满了红色记忆。

韶山毛泽东纪念馆（故居）

概况

韶山毛泽东纪念馆位于湖南省湘潭市韶山冲引凤山下，原名“韶山毛泽东同志旧居陈列馆”。该馆陈列了毛泽东从少年和青年学生时代起到 1976 年逝世为止的生活与斗争业绩。纪念馆于 1963 年开始筹建，1964 年 10 月 1 日正式对外开放。纪念馆建筑面积 6000 多平方米，陈列面积 2000 多平方米，加上后来扩建面积，总面积约 8 千余平方米。1997 年 7 月，这里被中宣部公布为首批全国爱国主义教育基地。

毛泽东纪念馆主要由纪念馆展览设施和故居组成。纪念馆前面有一个广场，广场大门顶上镂刻着邓小平手书金色大字：“韶山毛泽东

◎韶山毛泽东纪念馆

◎毛泽东遗物馆

同志纪念馆”。进纪念馆大门，首先映入眼帘的是一尊高 2.67 米，重 3 吨多的毛泽东塑像。毛泽东身着风衣，左手捏军帽，右手前挥。

序厅与大厅由一条开满鲜花的走廊相连，中央是一座韶山山水模型。厅内依次陈列了韶山、毛泽东故居、上海一大会址等全国六大革命纪念地的图片，展示了中国革命的历史进程。

中庭的对角各有两个小院，同会客厅呈品字形排列。其中南院是一处台地，与下栋参差错落，有纪念馆内两处藏宝之地：毛泽东遗物展和中南海故居。北院的过厅陈列着一辆灰色吉姆车，说明标注：毛泽东 1959 年 6 月回韶山的座车。南北两院往东就是“韶山风物耐人思”和“国际友人在韶山”两个另辟的展厅。

毛泽东故居位于纪念馆北侧约 500 米处，占地面积 566.39 平方米，建筑面积 472.92 平方米，房屋 18 间。1893 年 12 月 26 日，毛泽东诞生在这里，并在此度过了童年和少年时代。故居前面是南岸塘，塘内有荷花。进入故居正门，可见南墙设神龛。由厨房向东过横屋是毛泽东父母的卧室。毛泽东的卧室就在旁边，内设床铺，床边挂桐油灯，陈

◎韶山毛泽东故居

设朴素。卧室顶楼上有阁楼，1925 年 6 月，毛泽东就在这个楼上召开了秘密会议，建立了韶山第一个中共支部。

红旗卷起农奴戟

1927 年元月初，毛泽东回韶山考察农民运动。韶山特别区和第三、四乡组织了 400 多位农民，在毛鉴公祠（第三乡农协所在地）为毛泽东举行了盛大的欢迎大会。毛泽东感谢了乡亲们的好意，并且针对当地农民运动作了长篇讲话。毛泽东说："世界是变化的，过去只有土车子，人靠步行。现在有了汽车，清早从湘乡到湘潭买肉，还能够赶回湘乡吃早饭。""几个月前，土豪劣绅还在作威作福。几个月后，农民运动搞得热火朝天，把几千年的封建特权打得落花流水，地主的体面威风全都扫地了。现在'农民协会万岁'、'农民万岁'的口号喊得非常响亮。""乡里几个月来的形式对比，不是起了很大的变化吗？可

◎毛鉴公祠

有人说农民运动是‘痞子运动’，‘糟得很’，你们怎么看？”“那是放屁！农民运动就是好！”“对，农民运动就是好！”乡亲们争着回答道。

听到乡亲们的回答，毛泽东笑着说：“对，农民运动好，我同意你们的结论。农民协会硬要放手发动群众。不要前怕狼，后怕虎，反革命反对也不要怕，土豪劣绅终究非打倒不可。全世界 15 亿人口，有 12 亿多受压迫，力量大，我们只会赢不会输。但是革命是长期的，好比挖土，挖出几条蚯蚓算不了什么。现在革命刚开始，我们才打倒了几个土豪劣绅，这好比指甲缝里的污泥还只挖出一点点。要彻底消灭土豪劣绅，实行耕者有其田，还得攒劲干！”

为了鼓励农民继续搞好农民运动，毛泽东风趣地说：“过去遇上灾害，有人就到仙顶灵山（韶峰）上去拜菩萨求雨。我前年回到韶山，有人诉说自己命苦，八字坏。信八字，望走好运；信风水，望坟顶贯气。刚刚几个月光景，土豪劣绅和贪官污吏就一齐倒了台，难道现在大家都走好运，都坟顶贯气了吗？而地主阶级突然交了坏运，坟山突然泄气了？土豪劣绅讽刺说：‘巧得很罗，如今是委员世界呀，你看屙尿都碰上了委员。的确不错，城里、乡里、工会、农会、国民党、共产党，无一不有执行委员，确实是委员世界。但这也是坟山出的？巧得很！乡下穷光蛋的八字突然都变好了！坟山都突然贯气了？神明么？那是很可敬的。但是不要农民协会，只要关圣帝君、观音大士能打倒土豪劣绅？那些帝君、大士们也很可怜，敬了几百年，一个土豪劣绅不曾替你们打倒！现在你们想减租，我请问你们有什么法子，信神呀，还是信农民协会？”

听了毛泽东一席话，众乡亲打土豪劣绅、搞农民运动的劲头更足了。此次，毛泽东用了5天时间在韶山调查、访问、作报告。

刘少奇纪念馆

概况

刘少奇纪念馆位于湖南省宁乡县花明楼镇，以刘少奇故居为依托而建，由刘少奇同志故居、纪念馆、铜像广场、文物馆、花明楼、修养亭、万德鼎、炭子冲民俗文化馆等景点组成。馆藏文物资料共15507件，其中珍贵文物571件，是全国最大的刘少奇文物资料收藏中心。1997年7月，纪念馆被中宣部公布为首批全国爱国主义教育基地。

纪念馆总建筑面积6000平方米，主馆建筑面积3200平方米，陈列面积980平方米。主馆坐北朝南，呈三级阶梯展开，为分散自由群体型庭院结构。大门正中悬邓小平亲手书写的“刘少奇同志纪念馆”匾额。

门楼内为宽敞的序厅。序厅左侧为贵宾休息室，右侧为音像厅。

◎刘少奇纪念馆

序厅后面是 8 间独具风格的展览室。第一室：刘少奇走上革命道路；第二室：领导早期工人运动；第三室：坚持党的白区工作正确路线；第四室：坚持敌后抗日，注重党的建设；第五室：参与领导夺取全国胜利；第六室：领导社会主义革命和社会主义建设；第七室："历史是由人民写成的"；第八室为专题陈列：清溪炭子冲——各界人士参观剪影。

纪念馆北面是刘少奇故居。故居是炭子冲屋场，坐东朝西，前有水塘，后有青山，属于典型的"前有川，后有山"中国风水结构。从炭子冲屋场外坪入槽门，经内坪登阶即为正堂屋。正堂屋右侧第一间为刘少奇胞兄刘云庭的卧室，第二间是刘少奇青少年时期的卧室。

铜像广场占地面积 8000 多平方米。广场正前方，有一个宽阔平坦的平台，中央矗立着刘少奇的铜像。铜像总高 7.1 米（像高 3.0 米，座

◎修养亭

◎刘少奇纪念馆内的花明楼

◎刘少奇铜像广场

高 4.1 米）。原中央顾问委员会主任陈云题词：“向坚定的共产主义战士刘少奇同志学习”。

广场的主要建筑是万德鼎和九龙柱。万德鼎高 3.9 米，宽 2.58 米，重 18.98 吨，所用麻石以宁乡县境出土的国宝人面纹鼎为模型做成。鼎四面正中分别刻有毛泽东、刘少奇、邓小平、江泽民书写的“德”字，另外还铭篆有 9996 个不同字体的“德”字。九龙柱为直径 600 毫米的图腾龙柱，分别耸立在广场周围，每根重 3 吨、高 4 米。

炭子冲民俗文化馆的主要陈列是炭子冲民俗文化展，其中的展览基本上保持了 20 世纪初江南农村的原始风貌，其主要内容是反映过去湖南农村生产、生活场景的民俗文物，让参观者在游览过程中感受浓

◎万德鼎

厚的湖南乡土风情。

门匾的“特殊经历”

花明楼刘少奇故居正堂层大门上的“刘少奇同志旧居”门匾呈长方形，木板制作，长158厘米，宽105厘米，厚5厘米，全部用朱砂红铺底，匾的中部有2厘米凹形印堂，中央的“刘少奇同志旧居”用小方木条制作而成，是仿宋立体字，字体颜色为银白色。印堂四周边宽13.5厘米，上用小方木条雕刻成呈几何图形的银白色回纹花边。

故居上方邓小平已经书写了“刘少奇同志故居”，而这个门上为什么还要挂此匾？

1961年4月，刘少奇在家乡进行农村调查，为期44天。一天，刘少奇到韶山参观毛泽东旧居。走到门口，刘少奇看到大门上挂着“毛

泽东同志故居”门匾时，对随同的人员说：“这个‘故’字用得不妥，毛泽东还健在，该用‘旧’字恰当。”韶山市委根据刘少奇的意见，另请郭沫若题写了“毛泽东同志旧居”，替换了原来的门匾。这之后，刘少奇故居的管理人员也将“刘少奇同志故居”门匾中的“故”字改为“旧”字，门匾的大小、式样、字体并未改动。

1966 年 8 月“文化大革命”期间，刘少奇旧居遭到破坏，被迫关闭。旧居内的很多陈列品被砸毁，留存下来的陈列品和门匾被安置在花明楼公社仓库里。花明楼公社有一位叫周恩久的炊事员，他不忍看着“刘少奇同志旧居”这块门匾被毁掉，便悄悄地把这块门匾放在公社食堂的厨房内，翻过来当作切菜的案板用了一段时间。

后来，周恩久在门匾上面加盖了一块木板，用于垫放物品。“文革”造反派曾多次前来翻查门匾，都是无功而返。在周恩久等几位炊事员的保管下，这块门匾安然无损 13 年。

1980 年 3 月，刘少奇旧居得以修复。当时的工作人员将此匾取回，

◎刘少奇旧居的卧室

重新悬挂在旧居的槽门上。1982 年冬，邓小平题写“刘少奇同志故居”，新门匾替换下旧门匾。而后，这块旧门匾被作为故居的辅助陈列品摆放在陈列室中。1988 年 10 月，在刘少奇诞辰 90 周年之际将此门匾悬挂于故居正堂屋的大门上。

炎帝陵

概况

炎帝陵位于湖南省株洲市炎陵县城西的鹿原镇境内，是中华民族始祖炎帝神农氏的安息地。1997 年 7 月，炎帝陵被中宣部公布为首批全国爱国主义教育基地。

炎帝陵景区包括炎帝陵、炎陵庙、奉圣寺、崇德坊、胡真官寺、鹿原亭、圣火台等人文景观，还有鹿原洞、龙垴石、龙爪石、洗花池等自然景观。

炎帝陵殿位于炎陵山西麓，保持了浓郁的清式建筑风格，红墙黄瓦，坐北朝南，南北长 73.4 米，东西宽 40 米，占地面积 4936 平方米，建筑面积 903 平方米。

陵园一共分为五进：

一进午门，左右分列戟门和掖门，午门内竖有江泽民题写的“炎帝陵”汉白玉石碑。碑左右立有白鹿、山鹰雕像各一座，映衬炎帝幼时“鹿哺乳、鹰遮荫”的传说。

二进为行礼亭，是炎黄子孙奉祀始祖的地方，采用庑殿顶，上悬原全国政协副主席周培源手书“民族始祖、光照人间”匾额。行礼亭左右分列碑房，存有历代告祭文碑。亭中有香炉、烛台，是进香祭拜行礼的地方。

三进为主殿，重檐歇山顶，宽 20.4 米，进深 16.94 米。大殿门额高悬匾额“炎黄子孙，不忘始祖”。殿中设花岗基石神台，上立檀木神龛，龛内端坐炎帝金身祀像，上面写着“齐天鼻祖”。

◎炎帝陵

四进为墓碑亭，亭中立胡耀邦手书“炎帝神农氏之墓”汉白玉墓碑。

五进为墓冢，封土高 5.58 米，进深 6.64 米，宽 28.9 米，墓前石碑为清道光七年知县沈道宽所书。

“炎黄”战蚩尤

炎帝，神农氏（有说为神农后人）部落首领的名称，姜姓，因以火得王，故称炎帝。炎帝在中国民间被尊为农业之神、太阳之神、医药之神，与黄帝共同被尊奉为华夏人文初祖。

姜氏族为西戎一支，原为游牧民族。当时在今陕西与河南交界处，居住着以蚩尤为首的九黎族（有说独苗族），两个部落因为各自发展的需要经常发生冲突，炎帝的实力不及蚩尤雄厚，就退居现河北一带。炎帝部落后与轩辕氏族姬姓之黄帝进行了激烈的战役，这场战役被认为是华夏民族第一场大规模的战争，称为阪泉之战。炎帝最终归顺，

◎炎帝陵大殿

并与黄帝结盟。从此，两个部落开始融合，不断强大起来。

“炎黄”联盟不断扩展，前来归顺的部落越来越多，但是蚩尤部落始终不服，与“炎黄”联盟在涿鹿大战，最终战败。《山海经·大荒北经》记载：“蚩尤作兵伐黄帝。黄帝乃令应龙攻之冀州之野。应龙畜水。蚩尤请风伯雨师纵大风雨。黄帝乃下天女曰魃，雨止，遂杀蚩尤”。

此后，炎帝姜氏族便与黄帝在中原安定下来，繁衍生息。

炎帝的传说

炎帝在中国民间被尊为农业之神。人类不断繁衍生息，自然界的食物逐渐不能满足人类的生存需求，炎帝便教人们如何播种和收获五谷杂粮。正要教授播种方法的时候，天空突然落下谷种，炎帝把这些谷种收集起来，教人们种在开垦好的土地上。这样，人类就能够凭自己的智慧和双手在大地上进行生产，通过耕种获得足够的食物。

相传，物物交换就是炎帝发明的。因为看到人类虽然丰衣足食，但在生活上还有很多的不方便，于是炎帝让人们设立了贸易市场，拿自己不需要的东西到市场上来交换自己所需。在市场上，人们可用五谷换珍珠，用珍珠交换石斧，或用石斧换五谷……有了这种交换，人们的生活不但方便了很多，并且逐渐丰富起来。当时没有钟表，也没有其他方法记录时间，凭什么来确定交换的时间呢？于是，炎帝告诉人们，当太阳照在头顶上时，也就是正午。每到这个时候，人们就到市场上进行交易。当人类不再为衣食住行发愁时，炎帝又开始为战胜人类的病魔而战。相传，炎帝有一根赭鞭。他用这根鞭子抽打药草，经过赭鞭的抽打，药草的药效就会明显地显现出来。无论是寒性、热性、还是温性，有毒无毒也可以得知。于是，炎帝就根据这些药草的不同药性来治病救人。为了能够更快的治好百姓的病，他亲自去品尝各种草药，甚至曾在一天里中毒达 70 多次。此后，炎帝也被百姓奉为“医药之神”。

◎炎帝墓碑

平江起义纪念馆

概况

平江起义纪念馆位于湖南省岳阳市平江县城的县一中校园内，本为1867年所建的天岳书院，坐南朝北，是由大门、中厅、后厅和东西斋等砖木结构组成的四合院。大门上方为清代著名学者李次青所题的“天岳书院”四个大字。大门内壁正中有陈云手书“平江起义纪念馆”的匾额。2001年6月，平江起义旧址纪念馆被中宣部公布为第二批全国爱国主义教育基地。

平江起义纪念馆包括平江起义旧址、彭德怀铜像广场和平江起义

◎平江起义纪念馆

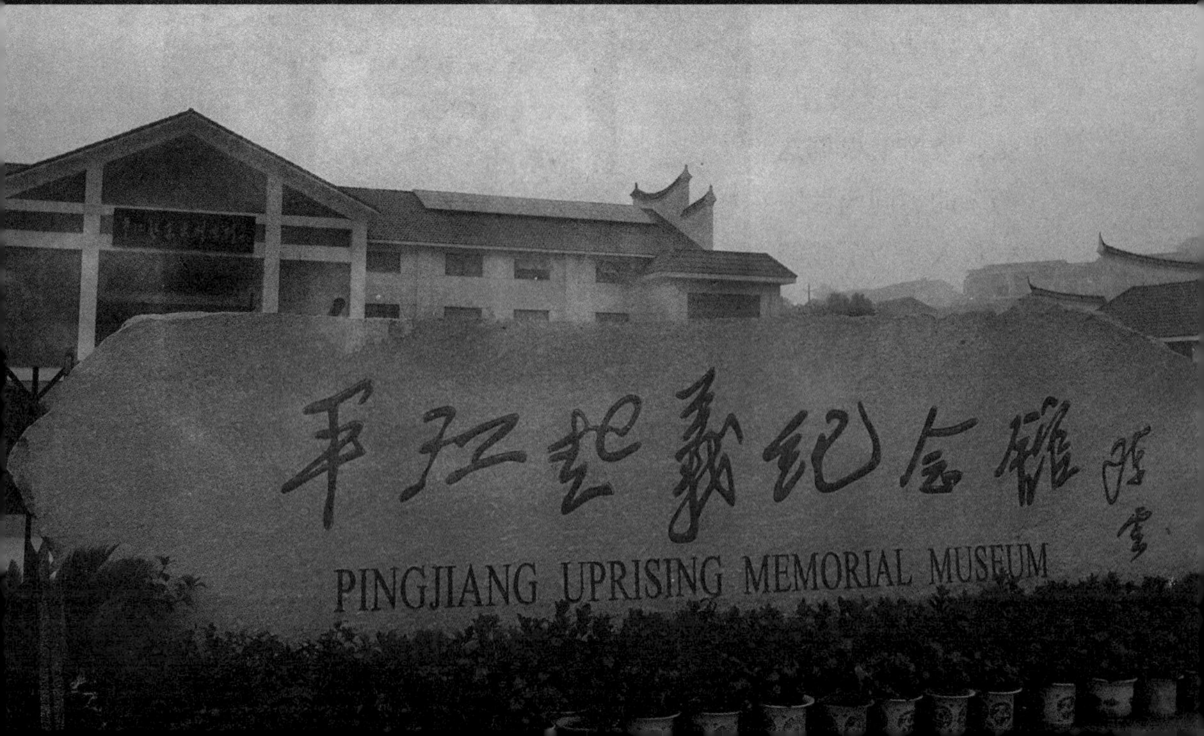

◎平江起义旧址

史料陈列馆三部分。平江起义旧址按事件发生时部队营房、士兵宿舍和彭德怀住房等状况进行复原陈列。平江起义史料馆包括“举义平江城”、“奔赴井冈山”、“转战湘鄂赣”等内容。

平江起义纪念馆内共展出实物70余件，其中《分田册》为国家一级文物，图片200余幅。基本陈列《平江起义史料陈列》、《彭德怀同志光辉业绩》、《滕代远、黄公略生平简介》、《光荣的平江起义团》。以事件发生为主线，以人物生平为脉络，采用以图片展示为主，配以文字说明，实物展示为辅的展览方式，易于参观者身临其境地感受平江起义发生的经过。

平江起义

大革命失败后，湖南反动当局任命军阀阎仲儒为“清乡司令”。阎仲儒的军队经常在湖南骚扰居民，平江人民忍无可忍，奋起反抗。1928年6月，为了加大“清剿”的力度，湖南国民革命军独立第5师3个团奉命接防阎仲儒旅，共产党员彭德怀正是这个师的第1团团长。为尽快将全团要害部门和主力营、连兵权掌握在共产党员手中，到平江不久，彭德怀任命共产党员邓萍任书记官，向共产党员周磐推荐共产党员黄公略担任3团3营营长，推荐共产党员黄纯一担任1团3营9连连长。在彭德怀、邓萍等共产党员的努力下，共产党很快控制了1团的主要部队和第3团一部。

7月17日，滕代远受中共湖南省委派遣来到平江，和第1团党组织取得了联系。18日，彭德怀偶然得知反动派将南华安特委机关破坏，且发现了黄公略亲笔开具的通行证。此时，反动派准备下手抓人，彭德怀立即赶回县城做补救工作。他召集秘密党组织成员进行商讨，并决定于22日下午1时以“闹饷”为名发动起义。当时，反动当局已经欠湖南国民革命军独立第5师快5个月的饷了，以此为理由，甚是恰当。

“闹饷是发动起义的主要手段，可以由秘密到公开，并争取各营连排参加或同情。只有闹饷才能冲破师特务营这个堡垒，团结全团大多数人，才能有效防御2、3团可能发起的进攻。”后来，彭德怀在《彭德怀自传》里写道。

22日上午10时，彭德怀在团部召开干部会议。11点左右，在烈日下，国民党军独立第5师第1团的800人，全副武装，气吞万里，在平江县城东门外集合，天岳书院操场上誓师起义。彭德怀振臂高呼：“我们起义了！为工农服务开始了！”

下午1时左右，趁平江县城内军警官兵正在午睡，起义队伍800人猛然向县城发动进攻，将城内反动军警2000多人的武装一举解除。共缴获步枪1000余支、子弹100万发，还活捉了包括十恶不赦的县长刘作柱在内的反动分子200多人。起义部队大获全胜，占领了县城。

◎油画:《平江起义》

起义部队占领县城后，成立了平江县工农兵苏维埃政府，成立了中国工农红军第5军。彭德怀任军长兼13师师长，滕代远任军党代表，邓萍任军参谋长，下辖3个团，共2500余人。

彭德怀重回平江

1958年12月，党的八届六中全会闭幕后，中共中央政治局委员、国防部部长彭德怀于21日上午从长沙来到平江。在这"大跃进"的年头，平江的父老乡亲们过得怎么样？对于国家的政策有哪些问题？彭德怀想通过访问，了解真实情况。

来到公社，彭德怀想找一位农民来交谈。公社负责人把新民大队总支书记彭飞标喊来，让他回答各种问题。彭德怀请彭飞标坐在自己身边，热情地问起了队里的生产、生活情况。彭飞标一一汇报出来。

彭德怀听着，眉头不由得忽而拧紧，忽而展开，后大笑起来：“老彭，你大概不是这地方人呀，是我们湘潭口音！”彭飞标只得坦白交代：自己确实是湘潭人，是大队总支书记、国家干部。彭德怀又询问了一些别的情况，最后意味深长的说：“要让农民注意休养生息，不要再搞什么大兵团作战……”

一天，平江县委的负责人一再邀请彭德怀去看看当年他领导起义的地方——平江县第一中学。彭德怀笑笑，答道：“没有什么可看的。要是为了温故而知新，就随便去转转吧！”

起义时，彭德怀拴战马的梧桐已长成参天大树。彭德怀上前抚摸着树身，抬头望望树冠，感慨地说：“弹指之间过了 30 年，树长高了，我也老了。平江起义那年我 30 岁，至今又是 30 年。我是 30 年‘求索’，30 年‘革命’。”

彭德怀戎马一生，在硝烟里呐喊，战场上拼杀，建设中求索，给人们留下了无尽的怀念和崇敬。

湘鄂川黔革命根据地纪念馆

概况

湘鄂川黔革命根据地以大庸（今张家界市永定区）、桑植、龙山、永顺为中心，革命活动区域达 31 个县市。该根据地是红军三大主力之一——红二方面军创立的最大的根据地，也是中国红军长征以后在江南最后、最大的根据地。湘鄂川黔革命根据地纪念馆占地面积 2800 平方米，建筑面积 1600 平方米。2001 年 6 月，纪念馆被中宣部公布为第二批全国爱国主义教育基地。

纪念馆属四合院建筑，东面是一栋木平房，由三堵矮墙围着，为

◎湘鄂川黔革命根据地纪念馆

任弼时、贺龙、萧克的旧居。西面是湘鄂川黔省委礼堂旧址，可容纳200余人，当时省委扩大会和省直各部门的会议都在此召开。礼堂现已辟为将军馆，墙壁上挂满了曾在湘鄂川黔革命根据地留下英雄足迹的新中国将帅的照片，一共166位。

纪念馆大门左右两边一字排开11间办公室，当年3大机关13个直属部门均在此办公。庭院正中是一尊双人石像，根据著名雕塑家潘鹤的作品《艰苦岁月》凿制而成。石像中，老红军在吹短笛，小红军扶着一杆步枪依偎在老红军膝头，仿佛在出神地听着老红军的笛声。

雕像后面是纪念馆主楼，内设3个展室，陈列着223幅大型图片和100多件革命文物，再现了根据地的光辉斗争史。

湘鄂川黔革命根据地的历史

1934年10月，红六军团进入黔东。24日，红三军和红六军团在印江木黄胜利会师。会师后，红三军恢复了红二军团番号，与红六军团展开了联合行动。28日，两个军团从四川南腰出发，向湘西挺进。11月7日，攻克永顺县城。

湘敌何键急令军阀陈渠珍派兵堵剿，纠集了3个旅的兵力来“围剿”红军。两个军团主动放弃永顺县城，退至城北90里的十万坪地区，采取诱敌深入、聚而歼之的作战方针，决定在此地对敌人进行埋伏。16日傍晚，敌人进入伏击圈。红军奋起痛击，共歼、俘敌3000余人。随后，红军勇追穷寇，于24日占领大庸、桑植。

由于湘西战势顺利，根据中共中央电示，红军于11月26日在大庸成立了中共湘鄂川黔省委。而后，省革命委员会和省军区相继成立。至此，以大庸为中心的湘鄂川黔革命根据地正式形成。

国民党政府视湘鄂川黔根据地为眼中钉，欲除之而后快。蒋介石仓惶调集了湘鄂两省的军队，共集11个师又4个旅，约11万人的兵力，编成6个纵队，结合地方保安团，对根据地发动猛烈的“围剿”。为了应对敌人随时而来的进攻，湘鄂川黔革命根据地军民枕戈待旦。

1935年2月上旬，红军在慈利阻击郭汝栋纵队失利，大庸被李觉部乘机侵占。红军与李觉纵队再次交战，又败，桑植被占。4月12日，红军不得不向北撤退。就在此时，转机来临，鄂军第58师第172旅与红军遭遇。由于鄂军轻率冒进，红军抓住战机，在14日将其全歼。次日，红军又将敌第58师师部和第174旅全歼，收复了桑植县城。战势逆转后，红军决定留在湘鄂川黔革命根据地继续战斗。

由于红军的英勇奋战，敌师节节败退。8月，湘鄂敌军被迫转入防御，红军粉碎了蒋介石对湘鄂川黔根据地的“围剿”。听闻败讯的蒋介石又气又急，又调集中央军对红军进行新一轮的“围剿”。10月8日，蒋介石下令成立宜昌行辕，派陈诚任行辕参谋长。宜昌行辕的兵力有22个师又5个旅，约20余万人，加上地方保安团队的人员，约30万之多。

红二、六军团虽然在反“围剿”时期有了一定的发展，但依然不足以与蒋介石的30万大军抗衡。留得青山在，不愁没柴烧，省委和军委分会决定退出根据地，争取在贵州的石阡、镇远等偏远地区创建新的根据地。

11月19日，红二、六军团分别在桑植刘家坪和瑞塔铺举行了红军突围誓师会。1936年1月，红二、六军团于进入贵州。湘鄂川黔特委和红18师在掩护主力部队突围的任务完成后，于9日与红六军团主力会合。2月，中华苏维埃共和国川滇黔省革命委员会成立，标志着湘鄂川黔革命根据地的结束。

关键的决策

1934年10月至1935年11月期间，任弼时（时任中共中央政治局委员，中共中央代表，红二、六军团最高政治领导人）为湘鄂川黔苏区的发展做出了巨大贡献。这与他在创建湘鄂川黔革命根据地时，两次关键的决策是分不开的。

1934年10月，红二、六军团在黔东会师后，下一步怎样走，成了两军最关心的问题。此时，任弼时果断决定：两军必须集中行动，并且要发动湘西攻势。当时，由任弼时领衔，肖克、王震签名，向中央军委请示，将湘鄂川黔边境的地理条件、双方力量以及红二、六军团的行动方针做了详细的汇报，并要求二、六军团集中行动。

在王明“左”倾错误路线的影响下，中央军委电令两军团必须分开行动。同时，强令六军团向湘西之乾城、凤凰进军。

任弼时接到指示后，不得已召集两军领导人进行商议。由于乾城、凤凰两地的敌人力量很强大，经商议，大家一致认为单独行动十分冒险，不能照做。任弼时、贺龙等多次联名向中央军委说明集中行动的利处，并带领两军团共同向敌军力量薄弱的湘西发动攻势，在湘西北打开局面，顺势向鄂川黔发展。

此后，红军在十万坪战役中告捷，歼敌、俘敌共3000多人，缴获大批军用物资。十万坪战役证明了任弼时统筹两军集体行动方针的正确性，红二、六军团在湘西北初步站稳了脚跟。但任弼时深知，敌人不会就此看着两军团发展壮大，于是他又召开两军领导人会议，决定采取军事进攻和地方建设两手抓的方法避免被敌人吃掉。会议还做了分工：贺龙、关向应、肖克率领红军主力继续发展湘西攻势，主动打击敌人。任弼时、王震、张子意及夏曦留在后方创建根据地，发动群众，进行土地革命。

一个多月的努力工作没有白费，1934 年 12 月底，中共湘鄂川黔省委、省革命委员会和省军区顺利成立。永顺、保靖等地的工农群众都来参加革命，劲头十足。在任弼时的带领下，红二、六军团在艰难的环境中创建红色根据地，还从侧面有力地支持了中央红军的二万五千里长征。

秋收起义文家市会师旧址纪念馆

概况

湘赣边界秋收起义文家市会师旧址纪念馆，位于古有“东南锁钥，吴楚咽喉”之称的浏阳边陲重镇——文家市，距浏阳河畔 50 公里，总占地面积 12474 平方米。秋收起义文家市会师旧址原名“文华书院”，后更名为“里仁学校”。门额上“秋收起义文家市会师旧址”几个大字是郭沫若书写的。2001 年 6 月，湘赣边界秋收起义文家市会师旧址纪念馆被中宣部公布为第二批全国爱国主义教育基地。

秋收起义文家市会师旧址纪念馆包括：秋收起义文家市会师旧址和两个历史辅助陈列馆。进前门，迎面而来的是镶有 3 个玻璃窗的水泥墙，中间玻璃窗里挂着“中国工农红军第一面红旗”。大门两侧有一

◎秋收起义文家市会师旧址

幅红底黑字的对联，上书“以文会友，为国储才”。学校正门左右两边有两大幅红字标语“建立工农政权”、“欢迎白军士兵官长来当红军”，是当年红军写下的。

成德堂，在文华书院改为里仁学校后，被当作教室来用。毛泽东在这里主持召开了秋收起义部队最高领导机构——前敌委员会会议。

里仁学校操坪，是秋收起义文家市会师大会旧址。1927 年 9 月 20 晨，工农革命军大约 1500 人在这里举行会师大会。毛泽东在会上作了重要的讲话。标语巷，原为里仁学校正门。这里墙上有 1927 年工农革命军写下的“打土豪分组地”和 1931 年红军写下的《土地政纲》、《苏维埃政纲》和“猛烈扩大红军队伍”等标语。

《西江月·秋收起义》

1927 年 9 月 11 日，毛泽东领导了湘赣边界秋收起义。起义结束后，他写下气吞万里的《西江月·秋收起义》：

军叫工农革命，
旗号镰刀斧头。
匡庐一带不停留，
要向潇湘直进。
地主重重压迫，
农民个个同仇。
秋收时节暮云愁，
霹雳一声暴动。

这首词分上下两阕，采取倒叙的写法。上阕明确阐述了秋收起义的特点及经过。秋收起义有其明显特点——工农革命，镰刀斧头是工农结合的产物。词中“匡庐”本为“修铜”，“要向潇湘直进”本为“便向平浏直进”，“愁”本为“沉”，后经毛泽东修改，就成了现在看到的《西江月·秋收起义》。修水、铜鼓都是秋收起义的主要策源地，毛泽东写了“修铜一带不停留”再现了起义部队从修水、铜鼓出发，分别攻打平江和浏阳的过程。

下阕简单分析了秋收起义爆发的原因“地主重重压迫”及起义的时间“秋收时节暮云愁”。秋天正是收获的时节，农民本因丰收感到高兴，可是地主的层层盘剥，使农民头上笼罩着一层挥之不去的乌云——“暮云愁”。“霹雳一声暴动”，说的正是秋收起义，带领农民冲破这层乌云，看到阳光。

毛泽东是秋收起义的领导者，他的这首《西江月·秋收起义》尽管只有 50 余字，却将起义真实地展现了出来，具有很高的历史价值。

秋收起义文家市会师

1927年蒋介石、汪精卫先后叛变革命，导致轰轰烈烈的大革命走向失败。大批共产党人和革命群众倒在了军阀政府的屠刀下，全国顿时陷入一片白色恐怖。在这历史的关键时刻，以毛泽东等为主要代表的中国共产党人高瞻远瞩，决定武装反抗国民党的统治。

同年8月7日，中共中央召开“八七会议”，会议决定派毛泽东去湖南改组中共湖南省委，并且领导秋收起义。9月9日，秋收起义首先在修水爆发。

起义爆发后，起义军虽然占领过几个城镇，但很快遭到敌人的围攻。革命形势本就在低潮时期，加上各种主客观因素，致使起义部队在进攻长沙途中损失惨重。14日，毛泽东在浏阳东乡上坪召开紧急会议，决定改变攻打长沙的计划，命令中国工农革命军第1、3团与第2团余部迅速集中到浏阳文家市。

19日，中国工农革命军第1军第1师1、3团和2团部分指战员相继到达文家市，成功会师。晚上，毛泽东在文家市里仁学校召开前敌委员会会议。会议通过了毛泽东关于放弃攻打长沙、部队到敌人控制比较薄弱的农村寻求发展的军事部署。20日清晨，工农革命军集合在里仁学校操场上，矛戟甲戈备齐，准备出发。29日，部队在江西省永新县的三湾村，进行了三湾改编。三湾改编从组织上确立了党对军队的领导，是把工农革命军建设成为无产阶级领导的新型人民军队的重要开端。

秋收起义文家市会师所确定的转兵决策，对中国共产党的发展具有重大的历史意义，是中国共产党把工作重心由城市转向农村的重大转折。

中共湘区委员会旧址

概况

中共湘区委员会旧址，位于长沙市八一西路的长沙市展览馆院内。2001 年 6 月，这里被中宣部公布为第二批全国爱国主义教育基地。

中共湘区委员会旧址原是一陶姓商人住宅，具有南方民居的风格。该建筑南北朝向，面积约 118 平方米，是一栋二进三开间砖木结构的小平房。旧址前有围墙庭院，临清水塘，后有杂屋竹林，十分幽静。门开东壁，中间为堂屋，两侧为住房，一共 6 间。房屋的内墙用木质

◎中共湘区委员会旧址

◎毛泽东与杨开慧住房

板材做隔离，外墙用青砖砌成，门窗则采用镂空的装饰手法。

毛泽东与杨开慧曾在堂屋右起第一间屋工作、生活。他们的两个儿子——毛岸英和毛岸青都出生在这里。右边第二间屋子是杨开慧的母亲的卧室。堂屋左边第一间屋子是客房，很多到湘区汇报工作或参加会议的人员就在这里暂住。左边第二间屋子是秘密会议室，毛泽东、何叔衡等就在这间屋子里成功策划和领导了多次工人运动。

红色火炬耀工农

1920 年，毛泽东受上海共产主义小组陈独秀等的委托，在长沙建立了共产主义小组，成员包括毛泽东在内共有 6 人。1921 年 6 月 29 日下午 6 时，毛泽东、何叔衡作为湖南早期共产党组织代表，乘船赴沪，参加中国共产党第一次全国代表大会。此后，他们回到长沙，以筹建中共湖南支部为首任，积极开展建党建团活动。

◎杨开慧的母亲的卧室

10月10日，秋高气爽。毛泽东、何叔衡、陈子博、彭平之等人，在一起讨论组织湖南共产党支部的问题，中国共产党的第一个省支部——中共湖南支部就此成立。毛泽东被选为中共湖南支部书记，何叔衡等为委员。由于当天是中华民国十年十月十日，毛泽东等人也称这一天为“三十节”。同时，他们还组建了中国劳动组合书记部湖南分部，作为公开领导湖南工人运动的机构。

不久，根据中共中央局规定，毛泽东等人在中共湖南支部的基础组织成立了中国共产党湘区执行委员会（辖今湖南全省及江西萍乡地区）。中国共产党湘区执行委员会，简称中共湘区委，是中国共产党建党初期成立于湖南的一个重要的地方组织，也是当时湖南人民进行革命斗争的指挥部。毛泽东任中共湘区委的第一任书记，委员有何叔衡、易礼容、李立三、郭亮，区委机关所在地就在租佃的清水塘22号。毛泽东偕夫人杨开慧在此工作并居住。

中共湘区委在湖南广泛传播马克思主义、启发人民群众的觉悟，开展了轰轰烈烈的工人运动、农民运动、反帝爱国运动、平民教育运动，巩固和发展党团组织等，使湘区成为当时全国革命运动发展最迅速的省区之一。

中共“一大”后，党的工作重心为领导和发动工人运动。“如何将工人运动同马列主义结合起来，产生巨大的力量？”多少个夜晚，毛泽东坐在桌前，时而埋头疾书，时而凝视着煤油灯的微弱光芒，陷入沉思。

中共湘区委员会成立不久，毛泽东提出“到安源看看”。在那里吃、住等方面都很简陋，毛泽东却并不在意。他很快与矿工们打成一片，为工人们讲解革命的道理。毛泽东边做手势，边打比喻：“一根筷子容易折断，一把筷子则不容易折断”，“矿是资本家开的吗？是他们挖的煤吗？火车是他们开的吗？是我们……你们说，他们有福气，不是什么福气，你们开矿他挣钱，你们开车他挣钱，都被他们拿走了”，“工人当家以后世界就是我们的了。”工人们听了毛泽东的话倍受鼓舞，想要拧成一股绳，心往一处想，劲往一处使。

与此同时，毛泽东还组织开办了工人夜校，让工人们在劳动之余得到思想上的进步。而后，安源路矿工人俱乐部、粤汉铁路新河工人俱乐部等相继成立，为省内各地工会组织的建立树立了榜样。湘潭锰矿、水口山铅锌矿以及长沙的行业工人纷纷效法，组建工会，开展工人运动。至 1922 年 5 月，湘区已发展到 3 个分支部，2 个小组，30 余名党员。

中共湘区委员会是湘区工人运动、青年运动和人民反帝爱国运动的指挥部和中枢神经。随着工人运动的发展，罢工斗争不断出现。

1922 年 10 月 23 日清晨，大雨滂沱，长沙 4000 多名泥木工人大呼“硬要 3 角 4 分，不达目的不上工！”的请愿口号，向长沙县署行进。

毛泽东也走在工人队伍之间。长沙泥木工人罢工历时 21 天，最终成功争取到增加工资和营业自由的权利。这是长沙工人有史以来获得的第一次罢工大胜利。

在安源路矿工人罢工中，毛泽东制定了“哀兵必胜”的策略，李立三、刘少奇按照指示，提出“哀而动人”的口号，作“义无反顾”的斗争。于是，17000 余名工人高呼“从前是牛马，现在要做人！”的口号，坚决斗争。结果，安源路矿工罢工用时仅 5 天，迫使路矿两局接受了各项政治、经济条件，以“未伤一人，未败一事”而取得全面胜利。

水口山铅锌矿大罢工、粤汉铁路岳州工人大罢工、长沙印刷工人罢工……湘区工人运动一浪高过一浪。中共湘区委将涌现出的积极分子及时地发展入党，党的各级组织得以巩固、壮大。至 1923 年 5 月，湖南已发展建立 10 多个党支部、小组。

◎中共湘区委员会旧址广场毛泽东雕像

1923年2月7日，发生了震惊全国的“二七”惨案。在险恶的环境下，毛泽东及时提出“弯弓待发”的策略。全国工运转入低潮，唯有中共湘区委特别是安源党组织得以继续稳步发展。

中共湘区委员会犹如黑暗中的红色火炬，把三湘大地上的工农群众和爱国人士的力量汇聚到一起，引导他们走向光明。

革命中的温馨

中共湘区委员会旧址是一座具有南方风格的民居建筑，这里曾有一个温馨的家庭。屋内悬挂着杨开慧和儿子毛岸英、毛岸青的合影照片。在杨开慧29年的生命中，仅留下两张照片，挂在这里的就是其中一张。毛泽东与杨开慧从未合过影，为了弥补此遗憾，工作人员特地找到毛泽东年轻时的照片，将其与杨开慧的照片并列挂在一起。

杨开慧是中国最早的女共产党员之一，又身为毛泽东的妻子，她的任务很重。白天，杨开慧不但帮助毛泽东整理材料，还担任联络专员，为革命的发展四处奔走；晚上，为保证毛泽东等人进行会议时的安全，杨开慧还要担任“哨兵”，时刻观察周围的动静。毛泽东很多时候要工作到深夜，此时，贴心的她总会为毛泽东准备夜宵。

即使是在条件最艰苦、革命形势最紧张的情况下，毛泽东生日到来之际，杨开慧也要为他过生日。杨开慧曾在《0–28岁的追忆》里这样写道：“今天是他的生日，我亦不能忘记，妈妈也记着这件事。中午吃饭时，我暗地里让佣人做了几样菜，煮了一碗面，纪念他的生日。”

毛泽东与杨开慧的爱情故事，在陈列馆中得以呈现。毛泽东在繁忙之际不忘诗意，他写过100多首诗词，其中有3首是为杨开慧写的。《虞美人·枕上》中的“堆来枕上愁何状？江海翻波浪”和《贺新郎·别友》中的“过眼滔滔云共雾，算人间知己吾和汝”，都诉说着一代伟人对杨开慧的、真挚情感。得知杨开慧慷慨就义的消息后，毛泽东十分

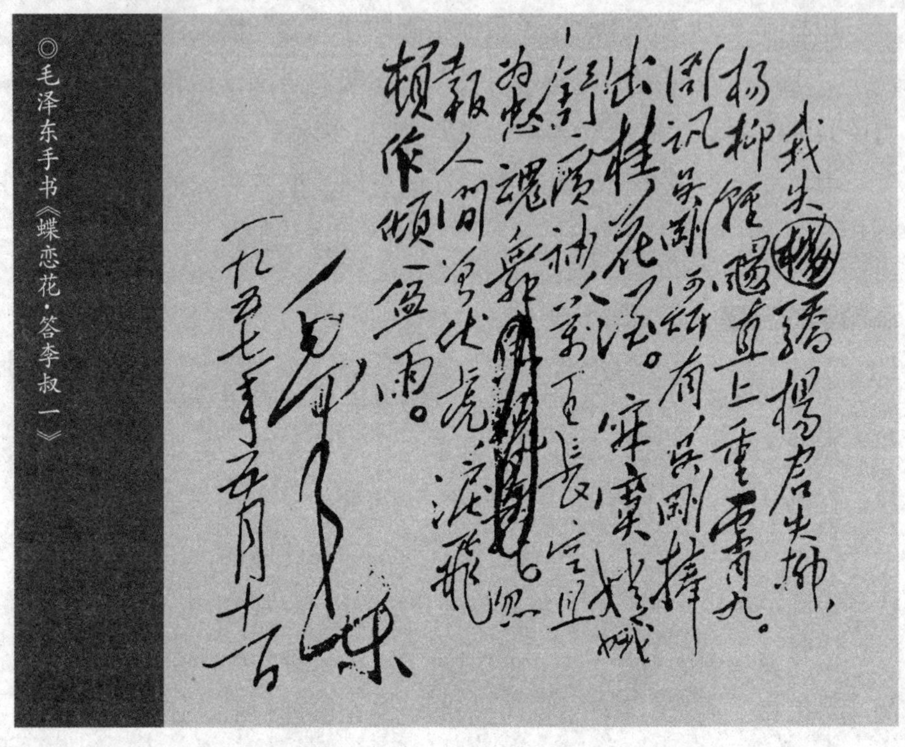

◎毛泽东手书《蝶恋花·答李叔一》

悲痛，1957 年，他写下悼念亡妻杨开慧的《蝶恋花·答李淑一》：

我失骄杨君失柳，
杨柳轻飏直上重霄九。
问讯吴刚何所有，
吴刚捧出桂花酒。
寂寞嫦娥舒广袖，
万里长空且为忠魂舞。
忽报人间曾伏虎，
泪飞顿作倾盆雨。

湘南暴动指挥部旧址

概况

湘南暴动指挥部旧址是四栋两层建筑物的四合院，1979 年被全面维修，按原貌作了复制陈列。2001 年 6 月，这里被中宣部公布为第二批全国爱国主义教育基地。

湘南暴动部旧址包含湘南起义史料陈列、复原陈列、珍贵藏品等

◎湘南暴动指挥部旧址

◎湘南暴动指挥部内景

陈列。《湘南起义史料陈列》集中反映朱德、陈毅在南昌起义之后，率部分起义军进抵湘南，策划智取宜章，以及相继组织郴县、耒阳、永兴、安仁、资兴等6个县的武装暴动，建立苏维埃政府、组建工农革命军和开展土地革命运动，一直到同毛泽东领导的秋收起义部队在井冈山会师的全部历史史料。展出图片共325幅，实物186件，珍贵文献资料13件。

《复原陈列》在宜章年关暴动指挥部旧址内。“旧址”是智取宜章时的指挥部，工农革命军司令部所在地，是整个湘南起义中仅存的一处革命遗址，具有很高的历史价值。

《珍贵藏品陈列》中有胡少海使用过的马刀。胡少海是宜章县岩泉乡人。他作为地方游击队领导人，带领先遣队开进宜章县城，最终智取宜章。另外，还有谭新使用过的藤箱。谭新也是宜章人，是黄埔军校一期学员。1928 年 1 月领导了笆篱暴动，后任工农革命军独立第三师参谋长。

智取宜昌

大革命失败后，湘南地区的共产党员和革命群众在白色恐怖中，依然坚持斗争。1928 年 1 月，朱德、陈毅率南昌起义保存下来的七八百人和沿途新扩充的士兵，共 2000 多人，在宜章县农会主席杨子达的配合下，由粤北进入湘南宜章杨家寨。

此前，湘南特委已经将《湘南暴动计划》酝酿成熟。湘南特委所属宜章县委找到朱德、陈毅等汇报了宜章县城敌人力量空虚的情况。据此，朱德提出智取宜章：由游击队冒充国民革命军的名义先率先遣部队进城，再进驻大部队，并以“宴请桑梓父老”的名义，向准备捉拿的人都送去请柬，然后设鸿门宴，在宴前设下埋伏，就可以将敌人一网打尽。

1 月 21 日下午，地方游击队领导人胡少海带领先遣队开进宜章县城。22 日下午，朱德、陈毅率大部队开进宜章县城。按计划，宴会在县参议会的明伦堂里举行。宴会上，朱德落杯为号，起义军闻讯大动，将枪口对准县长、官员、士绅。与此同时，陈毅、王尔琢指挥起义军解决了驻在东山养正书院的团防局和警察局，共俘虏了敌人 400 多人。随后，被捕的革命者和无辜群众从监狱中被放出；仓库被打开，工农群众领到了分发的粮食。

湘南暴动的时间距离农历的“小年”和“大年”仅有几天，所以也称之为“年关暴动”。此次暴动不费一枪一弹将宜章县城拿下，揭开了湘南起义的序幕。

彭德怀纪念馆

概况

彭德怀纪念馆位于湖南省湘潭乌石镇卧虎山上，采用中国传统式庭院布局，极具特色：马头墙门廊、青灰瓦屋顶和仿宋窗棂，将古老的楚湘神韵和现代感紧密结合。2001 年 6 月，彭德怀纪念馆被中宣部公布为第二批全国爱国主义教育基地。

进入纪念馆，著名书法家启功题写的“彭德怀纪念馆”仿古牌楼矗立眼前。牌楼至纪念馆东大门，是一条 500 米长的德怀大道。东大门由四只鼎状建筑物构成，呈“双虎对峙”造型，所以又称“虎门”。

◎彭德怀纪念馆

◎彭德怀纪念馆广场铜像

从虎门至铜像广场，建有百米长梯；顺长梯而上，可见铜像广场，彭德怀铜像立于中央。铜像取用身着元帅服的彭德怀形象，双手向后，目视前方。像高 5 米，基座 3.1 米，共 8.1 米，寓意彭德怀是中国人民解放军的创始人之一。基座为花岗凹凸起伏状造型，寓意彭德怀在大风大浪中无所畏惧。

铜像广场向南前行，穿过草地和长廊，就到了彭德怀纪念馆。馆名由江泽民题写。纪念馆建筑面积 3100 平方米，馆内设置了 8 个展室。中间是一个庭院，清泉、石头、花草点缀其中。一条朝着庭院的走廊连通序厅和各展室。走廊中段设观景平台，站在平台上远望，乌石峰、德怀亭、德怀墓和故居尽收眼底。

序厅为一个宽敞的八边形建筑，正墙由表现血战罗霄、百团大战、

◎彭德怀的半身圆雕

抗美援朝主题的三组暗红色高浮雕组成。正中是一座解放战争时期，彭德怀的半身圆雕。

序厅往左，穿过外廊进入 3 个展厅。其中第一展厅主要展示奔向井冈、长征鏖战、华北抗日、保卫延安、抗美援朝等几段岁月，这些故事在彭德怀的一生中最为闪耀；第二展厅，介绍彭德怀致力于军队建设以及庐山上书蒙冤受屈直至最后的岁月；第三展厅主要介绍对彭德怀的纪念活动。

馆内文物

彭德怀纪念馆里有一个很特别的展品——一个黑色牛皮公文包。这个公文包是彭德怀的工作用品。它长 37.9 厘米，宽 28.5 厘米，厚

◎彭德怀的公文包

3.7 厘米，呈四方形，上面有提手，下面有两处绑扣。由于长期使用和年代久远，公文包皮质磨损脱漆，卡扣严重锈蚀，提手已经破裂，显得十分陈旧、古老。50 年代，彭德怀长期用它办公。到 60 年代，彭德怀受难了，就把这个包赠送给了警卫员景希珍。

抗美援朝时期，彭德怀带着公文包远赴朝鲜，保家卫国。这个包是抗美援朝战争的历史见证，是纪念馆的镇馆之宝。1983 年，景希珍把这个包捐赠给湘潭县文管所。1998 年，湘潭县文管所又把这个包调拨到彭德怀纪念馆珍藏。

2003 年，湖南省文物局专家鉴定组将这个牛皮公文包鉴定为国家一级文物。

彭德怀在五十年代常用的另一个工作用品，是金星钢笔，也是馆藏的文物。金星钢笔，笔长 13 厘米，黑色塑料笔杆，白色金属笔套。它的笔盒长 17.3 厘米，宽 6.5 厘米，是黑色皮革制成。

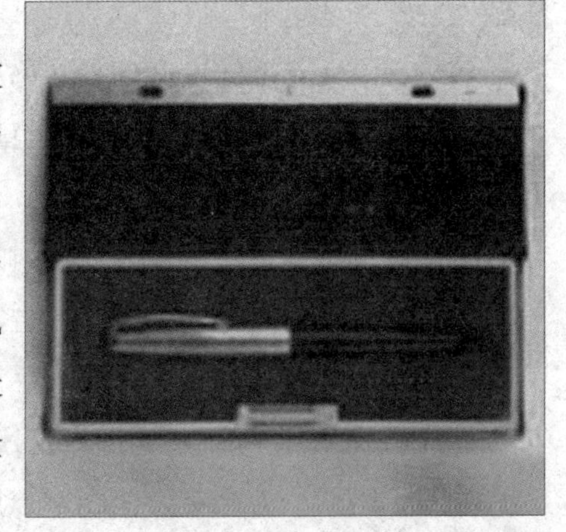

◎彭德怀的金星钢笔

笔盒盖用磁石相吸，盒内深红色绒布托钢笔，盒盖上印有“金星钢笔”字样。

1961 年，彭德怀回到家乡进行调查。从 11 月 30 日到 12 月 26 日将近 1 个月的时间里，彭德怀用它写下了一串串真实可信的数据和 5 个调查报告。这支普通的钢笔立下了汗马功劳，见证了彭德怀的爱国、爱民情怀。

湖南省博物馆

概况

湖南省博物馆位于长沙市开福区，占地面积 5.1 万平方米，建筑面积 2.9 万平方米，是湖南省最大的综合性历史艺术博物馆。2001 年 6 月，该馆被中宣部公布为第二批全国爱国主义教育基地。

博物馆馆藏丰富，常设陈列有《马王堆汉墓陈列》、《湖南商周青铜器陈列》、《湖南名窑陶瓷陈列》、《馆藏明清绘画》、《湖南十大考古新发现》等。

1972—1974 年期间发掘的长沙马王堆三座汉墓，是 20 世纪最重大的考古发现之一。墓中重点展品有西汉直裾素纱禅衣、西汉 T 型帛画、西汉黑地彩绘棺、西汉云纹漆钫。

湖南商周青铜器在中国青铜文化中占有重要地位。《湖南商周青铜器陈列》精选出铜器 72 件，其中重点展品有商铜象尊、商豕形铜尊、商立象兽面纹铜铙。

《湖南名窑陶瓷陈列》的道县玉蟾岩陶片，是国内迄今发现最早的陶片之一，距今一万余年。馆内重点展品有元青花人物故事玉壶春瓶、西晋青瓷对书俑、唐长沙窑褐斑贴花舞蹈人物瓷壶、唐长沙窑青釉褐

◎湖南省博物馆

◎唐长沙窑陶瓷

◎《松鹿图轴》

绿彩狮座诗文瓷枕。

《馆藏明清绘画》展厅展示了58幅作品，重点展品有陈录的梅花推蓬图卷、仇英的枫溪垂钓图轴、八大山人的松鹿图轴、恽寿平的花卉图册。

《湖南十大考古新发现陈列》展品共计133件（组），重点展品有旧石器遗存、道县玉蟾岩石器时代遗址、澧县彭头山与八十垱新石器时代遗址等。

马王堆汉墓重见天日

新中国建国后，在“深挖洞、广积粮、不称霸”的70年代，一切都处于备战状态。离马王堆不远的一家部队医院选择了马王堆的两个小山坡建造防空洞，作地下医院。医务人员在用钢钎进行钻探时，突然从孔里冒出一股呛人的凉气。有人用水灌孔，水反而涌出来；有人用火点，反而燃起了蓝色火焰……

面对奇怪的现象，部队医院将此情况报告给了湖南省博物馆。在湖南省博物馆工作的侯良意识到，这有可能是一座古代墓葬。由此，马王堆汉墓考古发掘的帷幕被拉开了。

1972年初，在做了大量的准备工作后，挖掘工作正式开始了。中国科学院考古所和湖南省博物馆考古人员共同发现了一个圆形的盗洞，直插墓葬下方。17米往下，盗洞消失。就在这时，考古人员挖到了一种粘糊糊的泥土，俗名“白膏泥”。取出白膏泥后，有工人在发掘工地上看见绿色的树叶。在随后的发掘中，工作人员又在填土中陆续发现了翠绿的树枝和黄绿色的竹筐。

接下来的事情更让人觉得不可思议。工人们在一个边箱里发现了一个漂亮的漆器。当盖子被打开后，在场的人都惊愕了。侯良回忆，盖子揭开后，发现里面盛的是水。水上漂着藕片。就在这一端一放间，藕片就变少了。又过了一会儿，藕片全然不见了。

所有的物品都让考古学家好奇，但最让人好奇的是墓主人的身份。考古人员后发现深埋底下的椁室，中间为殓尸的内棺。内棺以两道质地精良的帛束缠盖棺，考古人员说这样精美的锦绣饰品在以往的考古中也不多见。这下，他们的好奇一下子转变为惊奇，因为虽历经2000多年，棺内的女尸依然保存完好。后来，考古专家把这座墓穴定为马王堆汉墓一号墓。此后，马王堆汉墓名扬于世。

马王堆一号汉墓藏品精粹

1972年，长沙马王堆一号汉墓出土了一件西汉早期的文物，很是稀奇。它就是黄纱地印花敷彩直裾式丝绵袍。该衣长132厘米，通袖长228厘米，袖口宽28厘米，腰宽54厘米。丝绵袍用黄色印花敷彩纱作面料，黄绢作缘边和衬里，内填充丝绵絮。衣形为即交领、右衽、直裾式，由上衣下裳两部分组成。领口挖成琵琶形，袖筒肥大，下垂呈胡状，下裳底缘作等腰梯形。

与黄纱地印花敷彩直裾式丝绵袍同时出土的，还有一件曲裾素纱单衣。该衣长160厘米、通袖长195厘米、袖口宽27厘米、腰宽48厘米，重48克。曲裾素纱单衣衣领相交、右衽，衣服较长，款式类似当

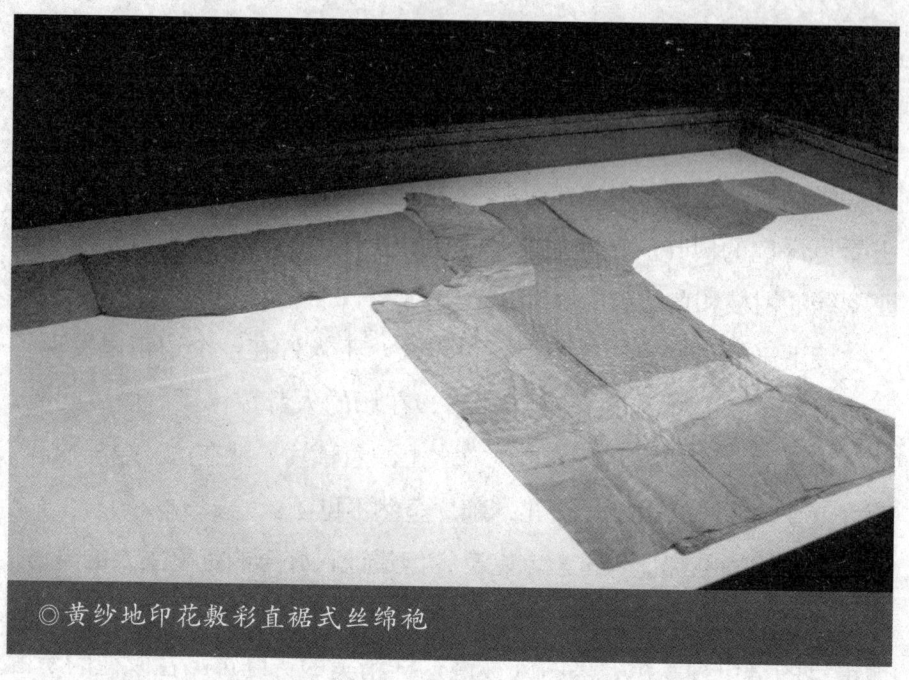
◎黄纱地印花敷彩直裾式丝绵袍

时流行的上下衣裳相连的深衣。

朱色菱纹罗手套是直筒露指式，掌面为朱红色菱纹罗，正裁，缝在拇指上下。指部和腕部都属斜裁，是用宽四分之一幅的素绢，按螺旋方式缝合成筒状，再折为两层，所以手套的上下两口都没有缝。拇指部分是另加的，口和上侧有缝。掌部上下两侧各饰“千金绦”一周。千金绦中间为篆书白文“千金”字样及明暗波折文。

◎朱色菱纹罗手套

羽毛贴花绢长 81.5 厘米，宽 42 厘米。羽毛贴花绢是先将绢进行研光和上浆处理，再用红、黑等不同的颜色绘出菱形图案，

然后分别顺贴桔红、青黑二色羽毛，两色羽毛之间又贴宽 2.8 毫米的绢条，组成菱形勾连纹。中央的柿蒂形花饰，是另外附加的。图案四周边缘饰绦带框边。

这些珍贵文物都出自马王堆一号汉墓，真实地反映了西汉时期高超的手工技术水平和科技水平。

芷江受降旧址和纪念馆

概况

芷江受降旧址和纪念馆，位于湖南省芷江侗族自治县七里桥，面积 4 万多平方米。旧址主要包括抗日胜利受降纪念坊、中国战区总受

◎芷江受降旧址

◎芷江受降纪念馆

◎何应钦办公室

◎中国陆军总司令部

降旧址（包括受降会场旧址，中国陆军总司令部旧址，何应钦办公室旧址）、萧毅肃陈列室、受降史料陈列馆，兵器陈列馆，受降亭和援华美军飞虎队纪念馆等纪念性构筑物和辅助建筑。2005 年 11 月，这里被中宣部公布为第三批全国爱国主义教育基地。

1945 年 8 月 15 日，日本政府宣布无条件投降，中国政府即电侵华日军总司令冈村宁次派受降代表速到芷江接洽侵华日军投降事宜。1945 年 8 月 21 日到 8 月 23 日，日军降使——今井武夫飞抵芷江请降，并接受了侵华日军投降的具体条款。

受降旧址是中国人民接受侵华日军投降的纪念地，是世界反法西斯战争暨中国人民抗日战争胜利的重要历史见证。为纪念这一重大历史史实，1947 年 2 月，国民政府在受降地芷江建立了一座“受降纪念坊”。1995 年抗战胜利 50 周年之际，又扩建、新建纪念抗战胜利展览馆。

“中国人民抗日战争胜利受降纪念馆”大门门额上，有大理石刻

◎芷江受降纪念坊

"凯旋门"三个隶书大字，大门两边有四个象征胜利的"V"字。走进大门，迎面耸立着一座大理石雕砌的受降纪念坊。坊高8.5米，为四柱三拱门"血"字型碑坊。坊上有蒋中正、李宗仁、何应钦、白崇禧等人题的楹联，有王东原、于右任、孙科、居正、王云五等人的题额和《芷江受降坊记》206字铭文。这是华夏大地唯一纪念中国抗日战争胜利受降的标志性建筑，被世界称为"中国凯旋门"，或"中国第一坊"。

中国战区总受降旧址由受降会场、中国陆军总司令部、何应钦办公室三栋鱼鳞板双层木结构平房组成，房屋建于1938年。1945年8月21日至9月8日，何应钦在这里举行了震惊中外的日本投降典礼，签发了载有投降详细规定命令备忘录24份，部署了全国16个受降区102处缴械点的受降工作；收受处理了与蒋介石、冈村宁茨等人来往电函40余份；确定了日本投降各项具体条款，受降签字时间、地点，完成

了接收日军投降全部实质性工作。如今，室内陈列的桌、椅、沙发等均属原物。

纪念抗战胜利展览馆于 1995 年纪念抗日战争胜利 50 周年之时建成。纪念馆建筑面积 1500 平方米，分上下两层，馆内设“八年抗战”、“中国受降”、“毋忘历史”三展厅，分别展出了二战文物 214 件，照片、图表、电文 291 幅，中、美、英、苏、德、捷、法、日等 8 国二战时期的兵器一批。陈列文物之珍贵，资料之齐全，内涵之独特，堪称国内“抗日历史博览馆”。

最后一战——湘西会战

湘西会战为抗日战争后期中国战场最后一场大型会战。主要作战时间为 1945 年 4 月至 6 月，战场位置位于中国湖南省中西部。侵华日军此战主要目的是争夺芷江空军基地，故又称“芷江作战”。

1945 年 2 月 25 日，中美空军混合大队轰炸了防卫严密的日本皇宫。日本大本营大为恼火，立誓要拔除这颗“钉子”，于是策划并下达了攻占芷江，破坏中美航空基地的作战命令。

芷江是湘西各战区军需物资和兵源的集散地，还是训练部队、准备反攻的最重要基地。而芷江机场则是继衡阳、桂林、柳州失陷后最后一个中美秘密前进基地。蒋介石很清楚，芷江失守，盟军对日轰炸将受到极大影响，也必将威胁到陪都重庆。但此地没有铁路，山区公路又极为崎岖简陋，不仅撤退为时已晚，更是无处可退。

经过一番权衡，蒋介石下令：此次会战由陆军总司令何应钦挂帅，率王敬久的第 10 集团军、李玉堂的第 27 集团军，分头迎击日军，并从昆明空运美式装备的新编第 6 军到芷江作为总预备队，以及驻芷中美混合团 5 个大队各一部，美第 14 航空大队一部，各型战斗飞机 400 余架，约 20 万兵力迎战日军，以确保芷江中美空军基地。

1945 年 4 月 9 日，湘西会战（中方称芷江保卫战，日军称芷江攻略战）打响。日军第六方面军第20军团司令坂西一郎，率135架飞机、8万军队，由益阳、邵阳、东安三路向芷江进攻。

为配合此役，美第14航空队早在4月1、2日两次袭击上海机场，击毁日机92架，击损16架。4月初，陈纳德从昆明飞来芷江坐镇指挥。中美空军日夜轰炸湘粤、湘桂铁路和公路交通线，破坏日军兵力集结和补给。开战当日，芷江空军基地派出中美混合团协助陆军作战。

4月10日，芷江机场出动大批飞机彻底破坏了日军后援地衡阳、邵阳、湘潭三角地带大小桥梁。4月20日，中美混合团第5大队出动全部飞机，轮番轰炸放洞、红岩大庙、大黄沙、1450高地等日军阵地，又轰炸长沙、衡阳、冷水滩日占机场，给立足未稳之敌以致命的打击，迫使这一线日军停止了进攻。

日军第116师团是进攻芷江的主力部队。4月19日，这支部队沿邵榆公路迅速推进。5月2日，该部突进到雪峰山中段主峰之下（越过主峰逼近安江，威胁芷江）；另一部则深入到溆浦木鳌洞一带。战况万分紧急，中国军队伤亡惨重。为阻止日军继续推进，雪峰山守军请求空军增大支援力度。

5月3日拂晓，陈纳德的“飞虎队”出动——战斗机、轰炸机、侦察机，排成三角队形，全速向日军阵地飞去。睡眼惺忪的日军官兵被头顶上的“黑点”吓得惊慌失措，四处逃窜。

第一批中美空军飞机投放了重磅炸弹，摇撼着日军的工事和战壕。侦察机盘旋了一圈，向轰炸机报告了目标所在地。第二批中美轰炸机群得到投弹目标后，继续进行地毯式轰炸。一颗颗炸弹准确无误地倾泻到日军的战壕附近。

美国空军首次使用的纳帕姆弹（胶状汽油组成品）撞到地面，立即变成几十团火焰，即便是掉在积水中，也能引燃。它的威力足以把人烧成灰烬，连躲在洞穴和战壕里的日军也逃不过。顷刻间，日军阵地周围的温度剧增，高达数百摄氏度的热浪滚滚而来。

瞬时，雪峰山变成了火焰山，火势从山顶蔓延到山脚，把日军的前沿阵地吞噬殆尽。此刻，第三批美国飞机抵达日军阵地上空，继续往下投射炸弹。雪峰山防御阵地的中国军队趁机发起大规模反攻，从长达十几千米的战线上向日军发起攻击。之后，中美空军混合大队对进犯洞口的两个日军联队，实施了一星期连续轰炸。

同一天，第三方面军司令官汤恩伯率27集团军总司令李玉堂赴靖县指挥作战。中国守军第58师、193师在茶山与日军217联队苦战。当时，中美空军派出多批次战机向日军阵地投掷凝固汽油弹，茶山顿成一片火海，日军被歼700余人。之后，日军217联队残部向瓦屋塘方向逃窜，左路日军占洪江取安江之企图在中美空军的打击下被粉碎。

至6月中旬，湘西会战中的日军各部队基本上退到原先的出发地。湘西会战历时两月，以日军溃退告终。据中国军队公布的资料表明，此役日军伤22307人，亡12498人；中国军队伤12483人，阵亡7737人。

历史的记忆——芷江受降

芷江受降是指第二次世界大战期间，标志日本侵华战争结束的仪式，时间为1945年8月21日下午4时，因受降地点位于湖南省芷江县城东的七里桥村磨溪口，史称“芷江受降”。

芷江是通往中国西南的“滇黔门户、黔楚咽喉”，自古以来就是兵家必争之地。之所以选在芷江进行受降，是因为芷江机场是第二次世界大战中盟军在东方的第二大军用机场。当日，一架日军零式运输机在一队中国空军的P-51战斗机监护下，载着日军代表到达芷江。

在此之前，1945年8月15日，蒋介石以中国战区盟军最高统帅名义，电令日军总司令冈村宁次：“一、日本政府已正式宣布无条件投降。二、该指挥官应即通令所属日军停止一切军事行动，并迅速派代表至玉山接受中国陆军总司令何应钦之命令。三、军事行动停止后，

◎芷江受降会议室

日本可暂保有其武器及装备，保持现在态势，并维持所在地之秩序及交通，听候中国陆军总司令何应钦之命令。四、所有飞机及船舰应停留现在地，但长江内之船舰，应集中宜昌、沙市。五、不得破坏任何设备及物资。六、以上各项命令之执行，该指挥官及所属官员，均应负个人之责任，并迅速答复为要。”

同时，蒋介石派何应钦为接受日本受降代表，并规定受降权限：秉承委员长之命，处理在中国战区内之全部敌军投降事宜；指导各战区、各方面军分区分期办理一切接受敌军投降之实施事宜；对中国战区内之敌最高指挥官发布一切命令；与中国战区美军人员密切合作办理美军占领区、盟军联合占领区，交防接防敌军投降后之处置；指导各战区、各方面军分区分期办理接受伪军投诚编遣事宜；负责处理南京伪组织政府，恢复南京及其附近之秩序等。

很明显，国民党政府的这些规定，剥夺了中国共产党领导的抗日武装正当接受日伪投降的权利，遭到了中国共产党的断然拒绝。根据蒋介石的电谕，国民政府派马俊超、钱大钧、熊斌、张廷谔等一批人员前往南京、上海、北平、天津等近 20 个市负责临时接管事务。

8 月 17 日，冈村宁次复电蒋介石，派侵华日军副总参谋长今井武夫等，于 18 日乘飞机至杭州候命飞玉山。由于玉山机场跑道被雨水损坏，当日，蒋介石电告冈村宁次，洽降地改为湖南芷江，并通知洽降使节于 21 日到达芷江，需随带中国大陆台湾及北纬 16 度以北越南地区所有日军之战斗序列、兵力位置等表册，代表人数不得超过 5 人。

8 月 20 日，何应钦率中国陆军参谋长萧毅肃等随员及其他人员，由重庆飞抵芷江。同日，从昆明和全国各地到达芷江的各方面军的司令官有：第一方面军卢汉、第二方面军张发奎、第三方面军汤恩伯、第四方面军王耀武、昆明防守司令部司令杜聿明及第三方面军副司令郑洞国、张雪中等。

当晚，何应钦在芷江召开军政要员会议，说明："从现在开始，这里是陆军前进总部，陆军总部奉命办理全国受降事宜。"接着宣布了具体内容：

一、准备接待日军侵华派遣军总司令冈村宁次的投降代表；

◎油画：《芷江受降》

二、规定中国各战区军事长官受降接管有关事项，迅速将部队运往各沦陷区；

三、成立南京前进总指挥所；

四、迅速空运部队至上海南京，接受日军占领区；

五、二十一日举行投降仪式，考虑军衔对等原则，派萧毅肃参谋长主持，陈应壮少将改佩少校军衔负责接待日本降使。

8月21日，冈村宁次派遣副参谋长今井武夫一行8人，乘日本飞机自汉口起飞，在中国空军飞机的监护下由汉口飞往湖南芷江。中午11时，日本乞降使节今井武夫等一行8人乘机到达芷江。下午，中国战区日军洽降会议正式举行。至23日，中国谈判代表将中国战区陆军总司令部备忘录第1至第5号交今井武夫转冈村宁次，详细规定了中国受降的事项。23日下午，洽降会议结束后，何应钦召见了日本乞降代表今井武夫，并告之日本投降书签字地点定为南京。

芷江，见证了侵华日军副总参谋长今井武夫与中国陆军领导人洽降，并在投降备忘录上签字的经过。如今，在芷江城外有一座受降坊，刻有“日军投降之地”，以此标志这一值得纪念的地方。

任弼时故居和纪念馆

概况

任弼时故居和纪念馆位于汨罗市城南的弼时镇唐家桥。2005年11月，这里被中宣部公布为第三批全国爱国主义教育基地。

故居坐东朝西，系砖木结构，为三进三间两偏屋，9个坍池，占地3800平方米，共有大小房屋37间，全部房屋为青瓦覆盖，三合土地

面，背依山丘，门临池塘，院内古树参天，四周竹木林立，属典型的清代江南院落民居。中堂门额下“望重龙门”、“光照壁水”两块御匾，昭示着这书香门第昔日的辉煌与荣耀。大门上方挂有邓小平1980年手书的“任弼时同志故居”黑底金字匾。

◎任弼时同志故居

前进堂陈列着任弼时仿铜石膏胸像，两边墙壁挂有毛泽东等人的亲笔题词；二进中厅悬有赵朴初手书“浩气长存”巨匾。三进正厅设纪念室，挂有任弼时遗像，并陈列有任弼时逝世时机关、团体、学校敬献的花圈。北屋是任弼时家的住房。南面堂屋于1988年拆除并改建为4间陈列室，陈列室分为忧国忧民探求中国革命真理、反帝救亡领

◎任弼时纪念馆

导革命青年运动、西征北上夺取长征胜利、坚持抗战宣传党的正确路线、竭尽心力参与党中央重大决策、骆驼精神在人民心中永放光芒六个部分。

任弼时纪念馆就坐落在故居东侧的月形山上，纪念馆占地面积达 8 万平方米，由展览区、纪念区、服务区、休闲区 4 大部分组成。展区采用现代化陈展手段，展出了实物和图片 400 余件。纪念区新建了任弼时铜像广场和雕塑广场。

任弼时

任弼时，伟大的马克思主义者，杰出的无产阶级革命家、政治家、组织家，中国共产党的主要领导人之一，以毛泽东为核心的中国共产党第一代领导集体的重要成员。任弼时原名培国，湖南湘阴（今属汨罗市）人。从小目睹了风雨飘摇中的祖国和人民大众痛苦生活的任弼时，曾在作文中写道，“世界之人皆以自立为要，吾国四万万同胞，欲保国家非自立不可”。

在长沙求学期间，任弼时结识了同在长沙求学的毛泽东。随后，任弼时积极投身到毛泽东所领导的反帝反封建斗争中。他利用暑假，回到家乡演出文明戏，向当地群众宣传反帝反封建的思想。1920 年秋，任弼时加入了中国社会主义青年团。1921 年 5 月，任弼时和萧劲光、刘少奇等离上海赴苏联留学，成为十月革命后中国最早赴苏留学的先进青年中的一员。

1922 年 1 月，任弼时加入中国共产党。两年后，他结束了莫斯科的学习生活，回到了上海，后担任了中国社会主义青年团中央书记。1925 年，中共中央决定成立军事委员会，任弼时是全党的第一个军委的三名委员之一。此后各地军委陆续建立起来。1928 年与 1929 年，任弼时两次被捕，敌人对他施用了最残酷的电刑。后经过党的积极营救和夫人陈琮英四处奔走，任弼时才得以出狱。

1934年7月，为实现中央红军的战略转移，党中央命令任弼时以红6军政委员会主席的身份，与萧克、王震率部西征。经过87天艰难的斗争，任弼时等人率部跨越白区几千里，冲破敌人的围追堵截，终于与贺龙的红3军会师贵州。两军会师后，在任弼时等人的领导下，创建了拥有百万人口的湘、鄂、川、黔革命根据地，粉碎了敌人的两次“围剿”，保存了红军的有生力量。中央红军北上之后，作为中国唯一红色根据地的湘、鄂、川、黔根据地，有力地钳制和分散了国民党对中央红军的进攻。

1937年7月7日，卢沟桥的枪声拉开了抗日战争的序幕。1937年4月，出任国民革命军第八路军政治部主任的任弼时和彭德怀、朱德一道率部奔赴山西抗日前线，参与了平型关战役等抗日战争的重大决策，给日本侵略者以沉重的打击。

1940年，任弼时回到延安，担任中共中央秘书长。不久，党中央决定由毛泽东、刘少奇、任弼时三人组成中央书记处，负责处理日常事务。根据毛泽东提出的“自己动手”的方针，任弼时组织和发动干部、战士、群众，在陕甘宁边区开展经济建设和民主建设，不但克服了敌人对解放区的经济封锁，而且逐步实现了完全的自给自足。

1945年春，任弼时在中国共产党第七次代表大会上当选为中央政治局常委、书记处书记。1947年3月，蒋介石重点进攻陕甘宁边区，中共中央主动撤离延安，由毛泽东、周恩来、任弼时三人组成前敌工作委员会，转战陕北指挥全国的解放斗争。而此时的任弼时已经患有严重的高血压，身体每况愈下。后来，毛泽东回忆那段辉煌岁月说：“在陕北，我和周恩来、任弼时同志在两个窑洞里指挥了全国的解放斗争”。

任弼时同志忘我地工作着，但30年艰苦的斗争生活严重地损害了他的健康，加以曾经两次被捕，遭受敌人的拷打和电刑，他终于积劳成疾病倒了。在病中，他还代表中共中央参加了中国新民主主义青年团第一次全国代表大会，并亲自为大会做了政治报告，他语重心强地对青年们说："我们已经把一个旧中国打垮，那么，你们呢？"由于病情恶化，他不得不中断报告，由别的同志代读。

党中央考虑到任弼时同志的身体况，派他到苏联治病疗养。病榻前，当收音机传来毛泽东庄严的宣告，当五星红旗在天安门广场冉冉升起的时候，病中的任弼时笑了。虽然他本应站在天安门城楼，去检阅那滚滚的铁流，去倾听人民那如潮涌般的欢呼，可是病魔无情地击倒了他。这不能不说是一件千古憾事。

1950 年 10 月 27 日，任弼时去世了，像无数革命先烈一样倒在自己战斗的岗位上。叶剑英曾这样评价任弼时："他是我们党的骆驼，中国人民的骆驼，担负着沉重的担子，走着漫长而有艰辛的道路，没有休息，没有享受，没有个人的任何计较。他是杰出的共产主义者，是我们党最好的党员，是我们的模范。"

红色伉俪

任弼时和陈琮英的婚姻，是包办婚姻中最落后的一种——指腹为婚的"娃娃亲"。虽然如此，他们夫妻感情深厚，同甘共苦经历了几十年的风风雨雨，堪称红色伉俪。

◎任弼时与陈琮英

陈琮英比任弼时大两岁，12 岁时，父亲便把她送到任家，做了童养媳。1915 年任弼时考入长沙第一师范附属高小读书，基于任家贫寒，陈琮英主动提出外出打工挣钱，资助任弼时读书。在任弼时临行去苏联前，他叮嘱陈琮英今后要在社会自立，一定要学习文化。18 岁的陈琮英牢记于心，在任弼时走后，她进入长沙一所半工半读的职业学校，一边学习缝纫技术，一边补习文化。

分别 6 年后，两人再次相聚，在上海一个简陋的小亭子里举行了婚礼。陈琮英刚到上海时，一口浓重的湖南乡音，一副乡间妇女的穿戴，显得土里土气。任弼时不但不嫌弃，反而安慰说：“琮英，你初到上海，对这里的环境陌生，慢慢会习惯的。”为了让妻子尽快适应，他还交给陈琮英秘密交通员的工作任务。

1928 年秋，任弼时奉命去安徽巡视工作，却遭到敌人暗算不幸被捕。陈琮英一听说他被捕的消息，立即抱着襁褓中的女儿小苏明爬上了一列开往长沙的敞篷煤车，强劲的冷风吹着母女俩，一路折腾，结果小苏明不幸染上肺炎死了。由于组织上的积极营救，加上敌人找不到什么破绽，1929 年 3 月，任弼时被无罪释放了。

1933 年 5 月，任弼时被派往湘赣边区工作。第五次反“围剿”失败后，红军不得不进行长征。当时，任弼时和陈琮英的儿子“湘赣”只有几个月大，他们只得忍痛将孩子寄养在老乡家。新中国成立后，陈琮英花了一个月的时间，跑遍了整个湘赣地区，也没有找到儿子。

长征路上，陈琮英又产下了女儿“远征”，可产后没几天，部队又要开始艰苦的行军。任弼时对陈琮英说：“把孩子留给苗家兄弟吧！”红军战士闻讯后，坚决反对将“远征”留在苗区，争着要求背远征行军。就这样，“远征”留了下来。

任弼时缝了个布袋，把“远征”背在背上，一手搀扶着产后孱弱的陈琮英，一手拄拐杖，跟着部队前进，顺利到达陕北。

任弼时经常带病坚持工作。陈琮英看到任弼时工作太劳累，为他的健康担忧，劝说道：“明天再忙不行吗？”任弼时却摇摇头说：“不行，明天还有明天的事呢！”1950 年 10 月 27 日，任弼时因劳累过度，突发脑出血，抢救无效，与世长辞，年仅 46 岁。陈琮英热泪纵横，她暗暗发誓：“我一定要好好抚育子女，让他们继承你的遗志，继承你的事业，你安息吧！”从此陈琮英独自挑起了养育子女的重担。

2003 年 5 月 31 日，陈琮英走过了 102 年的生命历程，静静地去了。

贺龙故居和纪念馆

概况

2005年11月，贺龙故居和纪念馆被中宣部公布为第三批全国爱国主义教育基地。近几年来，该基地已经成为广大党员干部了解党的历史、加强党性锻炼的重要场所，成为广大中小学生培养爱国情感、民族精神，陶冶道德情操的重要课堂。

贺龙故居位于湖南桑植县洪家关，掩映在群山拱卫，绿水萦绕之中。故居坐东朝西，由正屋、朝门、马厩牛栏三部分组成，四周砌有围墙，正屋为三柱四棋笼后檐的3间木房，前面是石木结构的朝门，右侧是马厩牛栏，整个建筑简陋大方，显出湘西农村贫苦农民居室的特点。1986年7月11日，邓小平为贺龙故居亲笔题词“贺龙故居”。

贺龙故居紧临玉泉河畔，有一座长38米，宽4.6米，高5.8米的两墩三门悬臂式木廊风雨桥，横跨其河的东西两方，此桥名曰“贺龙桥”。桥身共14扇架，穿斗式木结构，正脊上有歇山顶抱亭一个，飞檐翘角，岔脊上饰鳌鱼，抱亭正脊上饰魁星，桥身两侧8个石狮左右分立，颇为壮观。

◎贺龙故居

贺龙纪念馆坐落在洪家关贺龙故居对面的马颈塔，与贺龙故居、贺龙桥成倚角状，是由天龙溪、玉泉河、鱼鳞

◎贺龙纪念馆

溪三水环绕酷似葫芦形的半岛，四周有陈家山、韦家山、王家山、泉峪山和枫香山5条葱茏山峦，宛如5条蟠龙聚首拱卫该地，俗称“金线吊葫芦”的风水宝地。

贺龙纪念馆是融北京四合院、湘西吊脚楼的建筑风格为一体的仿古式钢筋砖混建筑，它的平面图近似一把巨型菜刀，隐喻贺龙当年两把菜刀闹革命。大门悬挂的墨色大理石匾额上，是江泽民亲笔题写的“贺龙纪念馆”5个烫金大字。馆内设有序厅、展览陈列室和音像放映厅，共展出贺龙一生中各个时期的图片337幅，文物文献138件。

一代元戎——贺龙

1896年3月22日，贺龙出生在湖南省桑植县洪家关一户贫苦农民家庭。由于家境贫寒，贺龙念了5年私塾，便辍学务农。少年的贺龙以仗义疏财，敢于同恶势力相抗争而闻名乡里。在辛亥革命的影响下，1914年他加入了孙中山领导的中华革命党，从事反帝反封建的武装斗争，曾三度入狱，威武不屈。

◎贺龙

1916年，贺龙以两把菜刀闹革命，夺取了反动派的武器，组织起一支农民革命武装。这支武装在军阀林立的旧社会，几经起落，在贺龙的坚强领导下，逐渐发展壮大，在讨袁护国和护法战争中屡建战功。

在第一次国内革命战争期间，贺龙积极拥护孙中山“联俄、联共、扶助农工”的三大政策，高举打倒列强、打倒军阀的旗帜，率部参加北伐战争，成为北伐军中著名的左派将领。同时他不断追求真理，逐渐由信仰三民主义转变为信仰共产主义。在革命低潮期，贺龙无所畏惧，坚定地站在共产党和工农大众一边，率部参加并领导了南昌起义，担任起义军总指挥，后加入中国共产党。

1935年，贺龙和任弼时指挥红二、六军团反“围剿”，歼灭了整师整旅的敌人，粉碎了数十万国民党军队的“围剿”，开辟了湘鄂川黔边革命根据地。1937年，贺龙率师主力东渡黄河，挺进敌后，配合国民党军队对日军发起忻口战役，取得了雁门伏击战等胜利。后来，贺龙又率部转入晋西北管涔山区，粉碎日军对晋西北的进攻，接连收复岢岚、五寨等七座县城，开辟了晋西北抗日根据地。

1940年，贺龙担任晋西北军政委员会书记和晋西北军区司令员，领导晋西北军民粉碎了日军多次“扫荡”，指挥晋绥军民“把敌人挤出去”，创造了许多光辉战例。

解放战争时期，贺龙率领晋绥部队主力挥师北上，解放了晋中广大地区，并与聂荣臻指挥的晋察冀部队一起进行了集宁战役、绥远战役、晋北战役，打退了国民党军队向解放区的进攻，歼灭了敌人的有生力量。解放战争开始后，贺龙奉命协助彭德怀组织指挥西北战场部

队，并主持后方根据地的建设，负责陕甘宁和晋绥的财经工作。他积极领导根据地人民进行土地改革，为西北解放战争的胜利做出了重要贡献。

1949 年 12 月，中华人民共和国成立后，贺龙率华北野战军第十八兵团等部，配合刘伯承、邓小平指挥的第二野战军，歼敌数十万人于成都地区。此后，贺龙与邓小平、刘伯承一起领导了清剿土匪，恢复生产，建设边疆，以及改造起义投诚的原国民党部队等工作，为和平解放西藏，解放大西南，建设大西南，做出了卓越的贡献。

1954 年，贺龙调中央工作后，一直担任国务院副总理和中央军委副主席等重要职务。1956 年中共八届一中全会上，贺龙被选为中央政治局委员。长期以来，他积极参与领导中国社会主义经济建设和国防建设。

从建国初期开始，贺龙一直兼任国家体委主任，是中国社会主义体育事业的开拓者和奠基人。在国际事务中，他协助周恩来工作，多次出访欧亚各国，为增进中国人民同世界各国人民间的友谊，进行了不懈的努力。

“文化大革命”中，贺龙面对残酷的迫害，始终坚持党的原则，表现了共产党员坚贞不屈的气节和高尚品德。1969 年 6 月 9 日，贺龙被迫害致死。1974 年 9 月 29 日，中央发了《关于为贺龙同志恢复名誉的通知》。1982 年 10 月，中共中央又做出了“为贺龙同志彻底平反的决定”，充分肯定了贺龙为中国革命做出的不朽贡献。

满门忠烈

从北伐革命到解放战争，数千名英烈为国捐躯，他们都是来自同一个地域——湖南湘西，他们的身世都与开国将领贺龙有关。

细数这千名英烈，他们要么是贺龙的直系亲属，要么是贺氏家族的族人、亲戚。当年，贺龙凭一腔热血举起革命旗帜的时候，他们都是奋勇的追随者，或牺牲在与敌人白刃交锋的战场，或因叛徒告密而身遭残害，或为掩护乡亲而身陷重围……从湘鄂西到井冈山，从万里长征的迢迢征途到抗日战争的烽火战场，从三大战役到渡江南下，他们以悲壮献身的壮举在中国革命史上留下了永恒的雕像，这在中国革命史上堪称奇迹。

贺龙父亲贺仕道为人正直，疾恶如仇，是最受当地人尊重的长者。他经常教育子女要成为不畏强暴、主持正义的有志之士。1920 年，贺仕道为贺龙扩充军备遭当地反动势力和土匪袭击而牺牲。贺龙 15 岁的弟弟贺文掌随父同行，也被敌人捉住，用蒸笼活活蒸死。

贺龙的姐姐贺英是个有勇有谋的巾帼英雄，当过湘鄂边区游击司令。她率领游击队配合工农红军为创建湘鄂边、湘鄂西根据地做出了极大贡献，后在掩护伤病员撤退时不幸中弹，壮烈牺牲。贺龙的二姐贺戊妹也在这次战斗中英勇献身。贺满姑是贺龙的妹妹，从小养成了勤劳勇敢，不畏强暴的性格。她参加贺龙和贺英领导的队伍，并组织穷人打土豪、烧田契等革命活动，后来回到洪家关担任了游击队长。1928 年，贺满姑被桑植反动势力杀害。贺文新是贺龙的堂弟，护旗兵班长，1928 年为了向贺龙送紧急情报，活活累死途中……

然而，不论遇到多大危险，不论做出多么大的牺牲，贺家宗亲族人都前仆后继、义无反顾地跟着贺龙继续革命。最能见证这一点的是贺龙的出生地洪家关。

洪家关是一处普通的湘西古镇，但因为贺龙的原因，历史上曾三次遭血洗之灾。第一次是 1919 年，贺龙的堂兄贺连元家先遭劫难，他的两个儿子被砍死，年仅 6 个月的小女儿被活活摔死。匪徒抓住贺龙的侄媳妇郭三妹，先向她头部猛砍一刀，右耳被砍掉，接着又朝她身上乱砍 21 刀，扔进河中，但郭三妹生命犹存，成了敌人血洗洪家关的见证人。一夜烧杀，贺姓族人遇难 30 多人，受害者牵涉 48 家。

第二次遭受劫难是在贺龙率部参加南昌起义之后，敌人出于对贺龙的仇恨，对洪家关进行了疯狂的烧杀屠戮。

第三次劫难发生在红军长征开始后，在“诛灭贺龙九族，鸡犬不留”的叫嚣声中，“铲共”义勇队和“清乡”队所到之处，十室九空。据不完全统计，红军长征走后，洪家关外逃他乡的就多达36户，贺氏族人被杀害的多达80多人。

然而，敌人的残杀却摧不垮贺龙故乡人的革命意志，在桑植、在洪家关，跟着贺龙闹革命，是湘西人喊了数十年的口号，贺龙“是湘西乡亲们的”光荣。当年，洪家关的青壮年，无论男女，能扛枪打仗的，几乎全都参加了贺龙的队伍。他们用无私无畏的行动，将中国共产党人的伟大政治信念化作为普通百姓认同的革命理想，正因如此，中国革命才能走向胜利。

罗荣桓故居和纪念馆

概况

罗荣桓故居和纪念馆位于湖南省衡东县荣桓镇南湾村，主要纪念设施有：罗帅故居、南湾古戏台、罗帅母校、罗帅铜像纪念广场、罗帅生平业绩陈列馆和罗帅办公室、卧室复原陈列室等。2005年11月，该地被中宣部公布为第三批全国爱国主义教育基地。

罗荣桓故居，又称异公享祠，坐西朝东、砖木结构、单层二进五开间设外廊，建于1914年。1915年上半年，13岁的罗荣桓与家人从新大屋迁居到此，至1927年4月离开这里走上革命道路，他在这里断断续续度过了12个春秋。当年，罗荣桓把家乡当作从事革命活动的实验基地，在这里留下了一串串光辉的足迹。

南湾古戏台，位于罗荣桓故居北面50米。这座建于清代中叶，是

◎罗荣桓故居

◎罗荣桓元帅铜像

一栋古香古色的建筑。这里是1926年下半年罗荣桓在家乡开展农民运动时举行群众大会、进行演讲的地方。

罗帅铜像纪念广场位于南湾村南面的罗家山上，建于2002年，占地面积80余亩，共分三级广场。其中第三级广场，即最高一级广场，为整个广场的主体和中心，占地约2000平方米，在该广场中心位置上坐东南朝西北、矗立着一尊高8.1米的罗荣桓元帅铜像。座基上刻着“罗荣桓元帅铜像”七个大字，为江泽民亲笔题写。

罗帅生平业绩陈列馆位于罗帅铜像纪念广场西南侧，建于2002年，建筑面积约1200平方米。陈列馆采用中国传统庭院式布局，设有序厅、尾厅、罗帅办公室、卧室复原陈列室和六间展室，陈列面积约6100平方米。

罗帅生平业绩陈列展分五大部分，共展出各个时期的珍贵照片188幅，珍贵革命、历史文献资料及实物110件（含罗帅子女赠送实物），雕塑1件。

罗荣桓

◎罗荣桓

罗荣桓，1902 年出生于湖南省衡山县(今衡东县)，青少年时期就探索救国救民的真理，积极投身革命。1924 年考入山东青岛大学工科预科，1925 年作为学生会负责人之一，组织同学参加“五卅”反帝爱国运动。1927 年在“四一二”反革命政变的白色恐怖下，毅然加入中国共产主义青年团，不久转入中国共产党，从此把自己的一生全部献给了伟大的共产主义事业。

1927 年 9 月，罗荣桓担任工农革命军第 1 师第 1 团特务连党代表，成为红军历史上最早的 7 个红军连队党代表之一，后又任营和支队党代表，参加创建井冈山革命根据地的斗争。1929 年底，中共红四军第九次代表大会(即古田会议)召开，罗荣桓参加了毛泽东主持的为筹备会议进行的调查研究和会议决议草案的起草工作，为会议的召开做出了积极贡献。

在中央苏区反“围剿”斗争中，罗荣桓参与红四军的作战指挥，领导政治工作，组织部队发动群众，打土豪，分田地，筹粮款，扩大红军队伍。1934 年 9 月罗荣恒任红八军团政治部主任，参加长征。到达陕北后，他率先头部队东渡黄河，参加东征战役。罗荣桓作为红军的创建人之一，以其坚定的政治品质和卓越的领导才能，在红军官兵中享有很高的威望。

抗日战争爆发后，罗荣桓任八路军第 115 师政治部主任。在华北战局十分危急的时刻，他率部东渡黄河，开赴山西前线，参与创建晋察冀抗日根据地和领导创建晋西南抗日根据地。1941 年 8 月，罗荣桓任山东军政委员会书记。1943 年 3 月任山东军区司令员兼政治委员，第 115 师政治委员、代师长。同年 8 月任中共中央山东分局书记，统一领导山东抗日根据地的党政军工作。在敌后抗战严重困难的情况下，他贯彻党中央和毛泽东制定的战略方针，领导山东军民团结一心，艰苦抗战，不断粉碎日寇大规模的进攻，使革命力量日益壮大，为全民族抗战做出了重要贡献。

抗战胜利后，罗荣桓率山东部队 6 万余人进军东北，组织领导了大兵团作战中的政治工作和组建东北二线兵团的工作。1948 年 8 月，罗荣桓任东北军区第一副政治委员兼东北野战军政治委员，参与指挥了震惊中外的辽沈战役。在战役发起前的关键时刻，他坚决贯彻党中央、毛泽东先打锦州的作战方针，保证了将国民党军封闭在东北境内予以全歼战略意图的实现。平津战役中，他作为中共平津前线总前委委员和人民解放军平津前线政治委员，参与了战役指挥及和平解放北平的谈判工作，取得了辉煌的胜利。1949 年 6 月，中央决定成立华中局和华中军区，罗荣桓任华中局第二书记兼华中军区第一政治委员。

新中国成立后，罗荣桓任总政治部主任，并兼任总干部管理部部长，领导全军的政治工作。他根据和平时期军队建设和形势任务的要求，始终把坚持党对军队绝对领导作为政治工作的根本任务，做了大量的开拓性工作，为加强军队思想政治建设做出了重要贡献。

罗荣桓是人民军队政治工作的卓越领导人，从担任红军连队党代表到全军总政治部主任，经历了军队政治工作的初创、逐步发展到成熟的过程。他在政治工作上的重要建树，是军队建设的宝贵财富。他为党和人民呕心沥血，战斗工作到生命的最后一息，受到广大干部和群众的拥戴和崇敬。

1963 年 2 月 16 日，罗荣桓因病在北京逝世。毛泽东亲自参加了罗荣桓追悼会，并写下了唯一悼念战友的诗《七律·悼罗荣桓》。

在长征路上

长征路上，罗荣桓一直贯彻毛泽东的方针路线，带领战士们朝着光明的方向前进。他是“领路人”，却没有领导架子，总是真心去体恤每一个战士，在粮食紧缺时把碗里的野菜让给小士兵；在连续几夜未睡的情况下，将士兵为他搭建的草窝让给了伤病员……

长征途中异常艰苦，尤其是进草地以后，一些病号还得靠同志们背和抬，罗荣桓就亲自背过一个病号。那位病号姓杨，是一个通信员，14 岁，江西兴国人。他在地主家放牛时碰到扩红的人员，一个把牛绳一扔便跟着扩红的人员到了部队。一次他的脚被竹尖扎了一个洞，进草地后，被污水一浸，脚脖子很快肿得像冬瓜一样。几天后便一步也走不动了。战士们轮流背着他，罗荣桓也参加了这一行列。

在草地背人行走，十分艰苦。一脚踩下去，往上直翻黑水，泥水常常没过腿肚。每向前走一步，都要费九牛二虎之力。走了一段后，小杨怕拖累大家，躺在地上不肯再让大家背了。他苦苦哀求说：“同志们，我实在不行了。你们快走吧，不要管我了。等革命胜利后，请给我家带个口信，就说我从地主家逃出来后当了红军，跟着毛主席北上抗日时，死在草地上了……”

听了小杨的话，大家的眼睛都湿润了。罗荣桓看到小杨硬是不走，便对战士们使了一个眼色，说：“这样吧，大家都快走。我腰腿疼得厉害，我留下给小杨做伴。”

“那怎么行，”这一下可把小杨急坏了。他用手撑地吃力地坐起身来，断断续续地说，“你是领导，要带领……大家走，怎么能……跟我留在这里呢?”

“领导也要有群众啊！要是大家都不走了，领导不成光杆了吗？”罗荣桓弯下腰，慢声慢气地对他说。

小杨拗不过罗荣桓，只好由战友背着继续前进……

《三大纪律，六项注意》颁布旧址

概况

《三大纪律，六项注意》颁布旧址位于湖南省桂东县沙田镇，现建有萧克将军题词的“三大纪律八项注意纪念碑”一座。《三大纪律，六项注意》（后发展为《三大纪律八项注意》）奠定了红军统一纪律的基础。这些纪律，是中国工农红军政治工作的重要内容，对人民军队的建设起了重大作用。此旧址 1972 年被列为省级文物保护单位。2005 年 11 月，旧址被中宣部公布为第三批全国爱国主义教育基地。

桂东县位于湘赣边界、井冈山南麓，是井冈山革命根据地的重要组成部分。1927 年 9 月毛泽东领导湘赣边界秋收起义时，就要求部队官兵对待人民群众说话和气，买卖公平，不拉夫，不打人，不骂人。同年 10 月，在江西省遂川县荆竹山动员部队向井冈山进发时，毛泽东站在雷打石上首次规定了三项纪律：行动听指挥，不拿群众一个红薯，打土豪要归公。1928 年 1 月，部队进驻遂川县城，分散到县城周围农村发动群众时，毛泽东又提出了六项注意：

◎三大纪律八项注意纪念碑

上门板，捆铺草，说话和气，买卖公平，借东西要还，损坏东西要赔。1928 年 4 月 3 日，部队到达湖南省桂东县沙田村，毛泽东在沙田镇沙田圩三十六石丘田边的土台上，向工农革命军和地方赤卫队进行思想政治教育和建军宗旨教育，向全体官兵正式宣布三大纪律六项注意。

《三大纪律，六项注意》的由来

1927 年 10 月 23 日，毛泽东在考虑到南昌起义余部在广东东江失败，湖南又无立足之地的情况下，率部来到了荆竹山江西遂川县。荆竹山坐落在湖南、江西两省的交界，山上长满了各种竹子，又以荆竹居多，所以被称为“荆竹山”。

为了能使工农革命军上山后与王佐的部队搞好关系，防止违反群众纪律的事情发生，在部队向井冈山出发前，毛泽东在荆竹山村前“雷打石”处向部队讲话，第一次提出了工农革命军的“三大纪律”，即行动听指挥，不拿群众一个红薯，打土豪要归公。

后来，毛泽东了解到工农红军在土豪的大门上贴了一张条子，限令土豪在三天之内送来一千元钱，否则，就要将这座房子烧掉。三天过后，土豪并没有把钱送来。于是，班长就领着战士们把这座房子点着了。恰好，这时土豪从外面传话回来说，请不要烧他的房子，钱凑够了就送来。可是，这座房子已成废墟，只在夹墙里发现了几箩筐已经熏黑的银毫子。发生这一情况后，1928 年 1 月 25 日，毛泽东在遂川县城李家坪召开了全体工农革命军指战员大会，并宣布了工农革命军的“六项注意”，就是：上门板，捆稻草，说话和气，买卖公平，借东西要还，不打人骂人。”

时任遂川县委书记的陈正人曾回忆说：“主席很强调六项注意，部队每到一地，都要严格检查六项注意的执行情况。六项注意的每句话，都是老百姓的话，非常通俗、易懂。”

1928 年 3 月 28 日，毛泽东率领部队到达井冈山革命根据地南部的湖南桂东县沙田所，受到了当地群众的欢迎。

由于各种原因，有一次工农革命军烧土豪家的房子时，竟殃及到了旁边的老百姓家房子；打土豪时，竟然错把老百姓娶媳妇的新嫁妆当做土豪财产予以没收。

为此，1928 年 4 月 3 日上午，毛泽东把部队集中在桂东县沙田圩后的老虎冲三十六石丘的田中，对工农革命军全体指战员，桂东县沙田一带的赤卫队员、少先队员，正式颁布了“三大纪律、六项注意”。

毛泽东说:“烧房子这类事情行不通，烧了房子，老百姓都走了。现在要颁布几条纪律。第一条，一切行动听指挥；第二条，不拿工农一点东西；第三条，一切缴获要归公。六项注意:一、上门板；二、捆铺草；三、说话和气；四、买卖公平；五、借东西要还；六、损坏东西要赔。”这也是毛泽东创建井冈山根据地以来第一次颁布系统、完整的“三大纪律、六项注意”。这次他还将原来的“不拿老百姓一个红薯”改为“不拿工农一点东西”。

屈子祠

概况

屈子祠位于湖南省汨罗市汨罗江畔，坐落在古木参天的玉笥山上，是中国现存纪念屈原的唯一古建筑，也是湖湘文化和中国浩瀚诗海之源头，是有“中华第一祠”之称的古祠。2009 年 5 月，屈子祠被中宣部公布为第四批全国爱国主义教育基地。

屈子祠为三进青砖结构，单层单檐，青砖砌墙，黄琉璃瓦覆顶，风格古朴秀雅。全殿三进，中、后两进间置一过亭，前后左右各设一天井，中有丹池，池中有大花台，植金桂。祠正门牌楼墙上绘有 13 幅

◎屈子祠

屈原生平业绩和对理想追求的浮雕。在过道的墙壁上，镶嵌着许多石碑，镌刻着后人凭吊屈原的文辞歌赋。后殿矗立一尊1980年重塑的屈原像，神采感人。附近建有独醒亭、骚坛、濯缨桥、桃花洞、寿星台、剪刀池、绣花墩、望爷墩等纪念屈原的古迹，俗称玉笥山“八景”。今存建筑有正殿、信芳亭、屈子祠碑等。祠内有树龄在300年以上的桂树多株，每逢中秋节，百花盛开，馨香四溢，令人陶醉。

两千多年来，这里一直是人们祭奠屈原的重要场所，历朝帝王都极其重视。唐玄宗李隆基曾亲自下敕重修祠宇，“岁时祭祀”每次加封，都要举行盛大的祭祀活动，历代地方官员，也必在任内亲临凭吊祭奠。清雍正九年（1713年）规定除每年五月初四外，地方官员必亲自到祠净庙省牲。辛亥革命后封建王朝的祭祀规定废止，但民间的祭祀活动仍长盛不衰。改革开放以来，每次在岳阳举行龙舟节都是在祠内的屈原神龛前取得火种，并先期在此举行祭龙仪式。

民族之魂——屈原

屈原（公元前约340年—公元前约278年），战国时期楚国人，出生于一个没落的贵族世家。他曾深得楚怀王信任，年轻时就任“左徒”（相当于后来的左丞相），掌管内政外交大权。屈原体恤民生、力主变法、振兴国家、联齐抗秦、统一天下的“美政”理想，使楚国一度出现国富兵强、威震诸侯的局面。但这些主张触犯了贵族集团的利益，而遭上官大夫靳尚、令尹子兰和宠妃郑袖等人的谗言迫害，几度被楚王疏远和放逐。

屈原含冤离开自己热爱的郢都后，出长江、过洞庭、朔沅水，在江南漂泊了很长时间。沿途看到百姓的疾苦和灾难，回想奸佞的横行和楚王的昏聩，预感祖国的前途异常危急，他更加日夜不宁，便把报国无门的悲和痛化作不朽的诗歌，以“鸟飞反故乡兮，狐死必首丘”的深沉执著的故土情结，完成了他生命里大部分作品。其中有志存高远的《离骚》、浪漫的《天问》、高洁的《橘颂》、缠绵的《湘君》以及情致缥缈的《九歌》等。他的诗作打破了《诗经》以后整整三百年诗歌的沉寂，是诗坛一次辉煌的日出。他为中国文学开创了另一种创作类型，即通过幻想和想象来表达作者深邃思想和强烈感情的浪漫主义艺术，因而被称为“诗祖”，并被誉为浪漫主义诗魂。

屈原在汨罗居住的那些日子里，经常与渔夫在江中捕鱼，与农夫在田间劳作，与巫师在民间采风。顷襄王二十一年（公元前278年），秦将白起率兵攻破郢都，楚地百姓四处逃难，眼看自己一度强盛的国家已经无望回天，屈原的政治理想破灭，对前途感到绝望，虽有心报国，却无力回天，只得以死明志。便选在楚人“祭龙”的日子，怀沙自沉于汨罗江，完成了他生命历程中最为悲壮的一幕。现在定农历五月五日为端午节，以纪念屈原。

逸响伟辞，卓绝一世

路漫漫其修远兮，吾将上下而求索。

亦余心之所善兮，虽九死其犹未悔。

《离骚》是屈原的代表作，是中国古代诗歌史上最长的一首浪漫主义的政治抒情诗。诗人从自叙身世、品德、理想写起，抒发了遭谗被害的苦闷与矛盾，斥责了楚王昏庸、群小猖獗与朝政日非的现象，表现了诗人坚持“美政”理想，抨击黑暗现实，不与邪恶势力同流合污的斗争精神和至死不渝的爱国热情。

诗人用自己的理想、遭遇、痛苦、热情，以至于整个生命所熔铸而成的宏伟诗篇，这在中国文学史上是第一次出现。《离骚》的创作，既植根于现实，又富于幻想色彩。诗中大量运用古代神话和传说，通过极其丰富的想象和联想，并采取铺张描叙的写法，把现实人物、历史人物、神话人物交织在一起，把地上和天国、人间和幻境、过去和现在交织在一起，构成了瑰丽奇特、绚烂多彩的幻想世界，从而产生了强烈的艺术魅力。

◎屈子祠屈原雕像

宋代著名史学家、词人宋祁曾说：“《离骚》为词赋之祖，后人为之，如至方不能加矩，至圆不能过规。”这就是说，《离骚》不仅开辟了一个广阔的文学领域，而且是中国诗赋方面永远不可企及的典范。

在中国群星灿烂的古典诗人中，鲁迅对屈原情有独钟，以至许寿裳在写《亡友鲁迅印象记》中，专门写了

《屈原与鲁迅》一节。据许寿裳回忆：鲁迅在留学日本之初，所购藏的拜伦的诗、希腊神话、罗马神话等新书中，夹有一本线装的日本印行的《离骚》，使他稍感奇异。

新文化运动的旗手鲁迅先生高度赞扬屈原的爱国热情，肯定了屈原在中国文学史上的地位。他在《屈原与宋玉》一文中评价屈原“逸响伟辞，卓绝一世”，并说：“《离骚》是一篇自述和托讽之作，《天问》是中国神话和传说的渊薮。”在《摩罗诗力说》中说：“惟灵均将逝，脑海波起，通于汨罗，返顾高丘，哀其无女，则抽写哀怨，郁为其文。”同时也指出屈原的诗作中虽“放言无惮，为前人所不敢言。然中亦多芳菲凄恻之音，而反抗挑战，则终其篇未能见，感动后世，为力非强。”由此可见，鲁迅是用辩证的观点来评价屈原的。

毛泽东一生爱读书，尤其是爱读《离骚》，从青年读到老年，常读常新，时有领会。

1913 年，毛泽东在湖南省立第一师范读书时，就在自己的笔记《讲堂录》中，用工整的小楷抄录了《离骚》、《九歌》的全文，在《离骚》正文的天头（书页上端的空白处）上，写有各节提要。这本《讲堂录》共有 47 页，那部分抄文占去了前 11 页。在延安的时候，《楚辞》仍是毛泽东常读的作品之一。

建国后，有关毛泽东阅读和谈论《楚辞》的记载就更多了。1949 年 12 月 6 日，毛泽东在去苏联访问的火车上，与苏联汉学家费德林交谈：“屈原不仅是古代的天才歌手，而且是一名伟大的爱国者，无私无畏，勇敢高尚，他的形象留在每个中国人的脑海里，无论在国内国外，屈原都是一个不朽的形象。”毛泽东言而未尽，又补充道：“屈原生活过的地方我相当熟悉，还是我的家乡。所以我对屈原，对他的遭遇和悲剧特别有感受。我们是这位天才诗人的后代，我们对他的感情特别深。”

1954 年 10 月 26 日，在会见访华即将回国的印度总理尼赫鲁时，毛泽东引用屈原《九歌·少司命》中“悲莫悲兮生别离，乐莫乐兮新相知”的诗句，来表达自己的心情。接着，毛泽东又向客人介绍说：“屈原是中国一个伟大的诗人，他在两千多年以前写了许多爱国的诗，政府对他不满，把他放逐了。最后，屈原没有出路，就投河而死。千百年来，中国人民就把他死的这天作为节日，就是旧历五月初五的端午节。人们在这天吃粽子，并把它投到河里喂鱼，让鱼吃饱了不再去伤害屈原。”屈原的崇高人格和爱国主义情操，更是毛泽东所深深敬佩的。

1957 年 12 月，毛泽东让身边工作的几位同志把各种版本的《楚辞》以及有关《楚辞》和屈原的著作尽量收集给他。经过两个多月的努力，工作人员共收集了 50 余种古今有价值的各种《楚辞》版本和有关著作。在那一段时间里，毛泽东比较集中地阅读了这些书。从文学创作角度看，屈原那浪漫主义的艺术想象和创作方法，吻合毛泽东的审美趣旨和对艺术风格的追求。值得注意的是，在 1958 年前后，毛泽东读《离骚》等《楚辞》中的作品最勤，并说读后“有所领会”，还推荐给其他领导干部阅读。

湖南雷锋纪念馆

概况

湖南雷锋纪念馆于 1968 年 11 月 21 日建成并对外开放。经过 40 年的发展、扩建，雷锋纪念馆现总面积已达 10.8 万平方米。2009 年 5 月，被中宣部公布为第四批全国爱国主义教育基地。

湖南雷锋纪念馆的主要参观内容有：雷锋生平事迹陈列、雷锋故居、雷锋塑像广场、领袖名人题词碑廊等。其中，最具有现代气息的

◎雷锋生平事迹陈列馆

◎雷锋故居

是雷锋生平事迹陈列馆。该馆以雷锋不同时期写的日记为线索，集中展示雷锋同志的成长过程及雷锋精神的形成过程。展馆中收藏了雷锋生前亲友、战友、同事、领导提供的有价值的实物20多件，包括雷锋日记等在内的捐赠、复制、仿制的各类展品400多件，还有湖南文艺界名流为纪念馆创作的一批以雷锋为题材的艺术品，包括雕塑、油画、书法等。

雷锋

◎雷锋

雷锋是一名伟大的共产主义战士、人民的勤务员、全心全意为人民服务的楷模。他原名雷正兴，1940年12月18日出生在湖南省长沙市望城县安庆乡简家塘一户贫苦农民家庭。旧社会，雷锋饱受地主阶级剥削压迫，生活非常悲惨，不到7岁便成了孤儿。新中国成立后，雷锋得到了党和人民政府的亲切关怀。高小毕业后，先后在乡政府当通信员，在县委当公务员。1955年，他在团山湖农场开拖拉机并加入共青团。在参加根治沩水河的工程中，雷锋被评为工地模范。1958年，他来到鞍钢参加工业建设，3次被评为先进生产者，5次被评为红旗手，18次被评为标兵。

1959年12月，征兵开始，雷锋迫切要求参军，焦化厂领导舍不得放他走。雷锋跑了几十里路来到辽阳市兵役局（现人武部）表明参军的决心。他身高只有1.54米，体重不足55公斤，均不符合征兵条件，但因政治素质过硬和有经验技术，最后被破例批准入伍。

入伍两年多，雷锋荣立二等功一次、三等功两次、团营嘉奖多次，先后被评为全军学习毛泽东著作积极分子、模范共青团员、模范共产党员，当选为抚顺市人民代表。1962年8月15日，雷锋在辽宁抚顺市不幸因公殉职，年仅22岁。

在共和国60年灿若星河的英模人物中，雷锋无疑是最广为人知、最深入人心、影响最深远的英模第一人。雷锋的一生，是“把有限的

◎雷锋雕像

生命投入到无限的‘为人民服务’之中去”的一生。1963年3月5日，毛泽东“向雷锋同志学习”的题词在《人民日报》上发表，刘少奇、周恩来、朱德、邓小平、陈云、董必武、叶剑英等党和国家领导人都分别为雷锋题词，号召全国人民向他学习。从此，在全国掀起了学习雷锋的热潮。由于历届中央领导人的高度重视，群众性学习雷锋活动在中华大地历久不衰，为净化社会风气，促进社会健康和谐发展发挥了重要作用。

雷锋是一名普通的战士，但他在平凡的工作和生活中为人类奉献了不朽的雷锋精神。在他身上所体现出来的勤俭节约、艰苦奋斗，刻苦学习、钻研理论，立足本职、尽职尽责，乐于助人、无私奉献的精神，是中华民族传统美德与时代精神的完美结合。1993年，胡锦涛曾在纪念“向雷锋同志学习”题词发表30周年讲话时说：“一个只有22年短暂生命的普通共产党员，能够赢得亿万人民如此崇高和长久的敬意；一个普通的战士所表现的高贵品质，能够激励几代人的健康成长；一个群众性的活动，能够在几十年历史进程中延续不断，影响一个时代的社会风尚，这表明雷锋精神对于我们这个民族和社会过去具有、现在仍然具有重大价值和时代意义。”

写在纸上的“雷锋精神”

雷锋不愿给乡亲父老增添负担，小学毕业就提前参加了工作。但他是一个聪明好学的人，又爱好文学，因此特意求人教自己学写日记。雷锋坚持每天记下自己的所做所思所想，不断自省和进步。

在工作中，每天雷锋都要驾驶着汽车东奔西跑，很难腾出时间来看书学习，于是他将书戴在随身的挎包里，只要车一停，他就在驾驶室里看书，在他的日记中就有这样一段记载：

有些人说工作忙，没时间学习，我认为问题不在工作忙，而在于你愿不愿意学习，会不会挤时间。要学习的时间是有的，问题是我们善不善于挤，愿不愿意钻。一块好好的木板，上面一个眼也没有，但钉子为什么能钉进去呢？这就是靠压力硬挤进去的，由此看来，钉子有两个长处：一个是挤劲，一个是钻劲，我们在学习上也要提倡这种“钉子”精神，善于挤和钻。

在雷锋刚刚参军的时候，兴奋的他写下了一篇这样的日记：

1960 年 1 月 8 日

这天是我永远不能忘记的日子，这天是我最大的荣幸和光荣的日子。我走上了新的战斗岗位，穿上了黄军服，光荣的参加了中国人民解放军。我好几年来的愿望在今天已实现了，真感到万分的高兴和喜悦，这是我一生最大的幸福。

我在党的正确领导下，在革命的大家庭里，我一定要好好地锻炼自己，在入伍的这一天，我提出如下保证：

一、听党的话，服从命令听指挥，党指向哪里，我就冲向哪里。

二、加强政治学习，多看报纸和政治书籍，按时参加部队各种会议和学习，积极宣传党的政策，密切靠近组织，及时向组织反映各种情况，不断提高自己的政治思想觉悟。

三、尊敬领导，团结同志，互帮互爱互学习。

四、严格遵守部队一切纪律，做到虚心向老战士学习，刻苦钻研，加强军事学习，随时准备打击敌人。

五、克服一切困难，发扬长辈优良的革命传统。我要坚决做到头可断，血可流，在敌人面前决不屈服、投降。我一定要向董存瑞，黄继光、安业民等英雄的战土学习。

六、我要努力学习政治、军事、文化，我要好好的锻炼身体，我一定要在部队争取立功当英雄，我一定要做一个毛泽东时代的好战士，我要把我可爱的青春献给祖国最壮丽的事业。

以上六条是我努力的方向和我的奋斗目标。今天我太高兴我太激动，千言万语一下要写完是办不到的，因此写到这里告一段落。

我渴望已久的参加中国人民解放军的理想实现了，怎么叫我不高兴呢！我恨不得把我的心掏出来献给党才好。晚上我怎么也睡不着，我的心就象大海的浪涛一样，好久不能平静。

我，一个在旧社会受苦受罪的穷苦孤儿，居然成为一个国防军战士，得到党和首长的信任，受到战友们的热爱，我真不知说什么好……

在这个革命的大家庭里，首长胜过父母，战友亲过兄弟，这一切，只有在党领导下的人民军队里才能得到。

我一定不辜负党对我的教育和期望，我决心全心全意保卫国防，成为一个优秀的国防战士。

南岳忠烈祠

概况

南岳忠烈祠，坐落在湖南省衡阳市国家5A级风景名胜区南岳衡山境内。1943年落成的南岳忠烈祠由祠宇和墓葬区两大部分组成，占地面积230余亩,是中国建设最早、规模最大的抗日战争纪念地之一，也是大陆唯一一处纪念抗日阵亡将士的大型烈士陵园。2009年5月，南岳忠烈祠被中宣部公布为第四批全国爱国主义教育基地。

祠宇周围为公墓区，占地愈200亩。集体墓有国民党37军60师、140师、74军和16军53师、14军、70军19师、54师等7座；个人墓

◎南岳忠烈祠

葬有郑作民、孙民瑾、彭士量等12座，这些公墓都掩映在苍松翠柏之间，气象严肃，令人敬仰。

忠烈祠常年设有《南岳与抗战》、《抗战英烈生平事迹》基本陈列展。改革开放以来，忠烈祠充分发挥了在爱国主义教育和红色旅游中的重要作用，举办了有国家领导人、两岸同胞和烈士后裔共同参加的“南岳忠烈祠·中华儿女公祭抗战民族忠烈大典”等纪念活动，以及“纪念世界反法西斯胜利五十周年”和“勿忘历史，强我中华——纪念中国人民抗日战争胜利六十周年”等大型图片展览。

祠宇布局

南岳忠烈祠祠宇坐北朝南，呈宫殿式建筑形制，南北纵深320米，东西宽约70米。中轴线上，按前低后高地形布局分为五进。第一进为牌坊，一列拱门共3孔，琉璃盖顶，花岗岩方整石墙体，中拱上方，嵌汉白玉竖额，薛岳镌“南岳忠烈祠”5字。牌坊以内，广场开阔，绿草翠柏，互为对称。

广场正中稍后为第二进“七·七”纪念碑，五颗石制巨型炮弹直指蓝天，碑座正前方和东西侧分别用汉白玉嵌有“七·七”二字，寓全民奋起，勿忘国耻，“武力御侮”之意。

第三进为纪念堂，三开间，明间正中竖巨碑，上刻《南岳忠烈祠纪念堂碑记》，东西次间为《南岳与抗战》陈列展。过纪念堂，为两道平行纵列石级，分段递上，共276级，中间草坪用大理石片镶嵌“民族忠烈千古”6个大字。

石级半坡间辟为小广场，广场中为第四进安亭战役纪念亭。亭上方为第五进享堂，居祠宇最高处，为整座祠宇的主体建筑，也是祭祀活动场所。堂呈“十”字形，正中堂额“忠烈祠”系蒋介石亲书。堂内靠后突出部分为讲坛，坛后巨碑如屏，居中竖刻“抗日阵亡将士总神位”，两边刻22次战役阵亡将士神位。堂内东西两侧用汉白玉碑座

◎南岳忠列祠广场上的“七·七”纪念碑

◎南岳忠烈祠纪念亭

形式展出了张自忠、佟麟阁等 37 位阵亡将领的生平事迹、总理遗嘱及国民党要员的题词。

湖南东山学校旧址

概况

湖南东山学校始建于 1895 年，初建时名为“东山精舍”，建成后曾多次易名。1958 年 9 月 10 日，毛泽东为该校题写了“东山学校”的校名，沿用至今。2009 年 5 月，东山学校旧址被中宣部公布为第四批全国爱国主义教育基地。

湖南东山学校以深蕴湖湘文化底蕴的“公诚勤俭”为校训，以

◎湖南东山学校旧址

◎东山书院

"经世致用"、"救国图存"为办学宗旨，培养实用型社会人才。《第一次中国教育年鉴》称赞东山精舍"开湖南新学之先河"，是"大学的萌芽"；《中国现代社会史》则把它与北京的同文馆等并称为中国现代教育最早的新式学校。

这里曾培养出了许多革命战士和知名人士，除毛泽东这样的一代伟人外，这里还培养出了中国人民解放军代总参谋长、国防部副部长陈赓大将，总政治部主任、国防部副部长谭政大将，杰出的无产阶级文化战士、国际著名诗人萧山，革命烈士毛泽覃，以及肖子升、柳宗陶、易礼容等。

书院基本上保留了一百多年前的原貌，为清代光绪年间的建筑群，同时融入了地方祠庙建筑特点和西式建筑风格。建筑主体具有典型的湖湘书院文化特色，采取中轴对称多重院落空间布局，由围墙、阙屋，环河、石桥、正堂三进（头门、讲堂、礼殿）及东西各五斋及藏书楼组成。建筑群在近似圆形的半岛之上，半岛外环是宽 20–30 米的便河，一圈长达 600 米的青砖围墙将旧址与外界隔开。便河上架有石桥，桥两边安麻石栏杆。两侧顺墙 35 米处，各设阙屋（院门房）一座，均为硬山封火墙三开间门房。整个建筑规模宏伟，屋宇轩昂，古朴典雅、庄严肃穆、斗拱飞檐、美轮美奂。

在旧址内，设有毛泽东学习过的教室、自修室和寝室。毛泽东使用过的课桌、床铺、蚊帐保存完整。旧址内还辟有校友陈列室、谭政大将生平业绩陈列室、陈赓大将生平业绩陈列室、校史陈列室及音像播放厅、毛泽东图书室、书画陈列展等展厅。整个旧址，环境幽雅，建筑独特、史料丰富，具有浓郁的人文气息和良好的教育功能，是进行爱国主义教育的重要基地。

毛泽东从这里走出来

1955 年，毛泽东在与同学谭世瑛谈话时，感慨道：没有这所学校的几位好老师，他进不了这所学校，到不了长沙城，只怕还出不了韶山冲呢!

这所学校，便是开湖南近代教育之先河，培养了无数革命英才的湖南东山学校。

1910 年秋，毛泽东来东山学校求学。当时的校长李元甫思想进步，聘请的教员多为维新派，受过日本明治维新的影响。在入学考试的作文题“言志”中，毛泽东抒发了自己求学救国的志愿。他的作文被老师们争相传阅，老师赞赏他“我们学堂多了一名救国栋材”。

在这里，毛泽东感受到了老师们鲜明的爱国思想，对《盛世危言》、《新民丛报》等宣传进步思想的书刊产生了浓厚的兴趣。他还接触到了自然科学和西学的一些新学科，学了一些外国的历史和地理知识。在这里，他第一次看到中国地图；第一次听说光绪皇帝和慈禧太后都已死去；第一次听到俄、美、日这些国家的名字；第一次从留日归来的萧先生那里了解到日本的一些情况；第一次大量阅读有关维新变法的文章和书籍……当得知幅员辽阔的泱泱大国却饱受列强欺凌时，他十分痛心。

在一点一滴的学习中，原本朦胧的民族意识不断觉醒，原本自发的救国意识转化为自觉探求救国救民道路的动力，而且越来越强烈。当毛泽东听老师讲“华盛顿经八年苦战，始获胜利，遂建国家”时，他说，“中国也要这样的人物”，于是他给自己取名“子任”，意即以天下革命大业为己任，立下雄心壮志，要“改革中国与世界”。

毛泽东在东山学堂只学习了半年。就是这半年，使毛泽东实现了由小时候信佛，以后相信孔孟，到信仰改良主义的转变。东山学堂是一所提倡“新学”的学堂，在这里，毛泽东深受康、梁的影响。他的同学文运昌（也是他的表兄）送给他一套《新民丛报》和一本记述康有为倡导变法的书，这套书报，毛泽东“读了又读，直到差不多背得出来”。他认为中国应当像日本“明治维新”那样，通过君主立宪实现富国强兵。他在读过的《新民丛报》上写道：不能像以往误国朝廷那样“法令由君主所制订，君主非人民所心悦诚服”，应该像君主立宪国家那样“宪法为人民所制订，君主为人民所推戴”。虽然这个时候的中国已经远离改良主义正处在辛亥革命的前夜，康、梁的思想行动也已落伍于时代，但是，毛泽东毕竟从研究康、梁及其改良主义学说开始，受到了真正意义上的思想启蒙。

求学轶事

初来东山学校，因为是外乡人，毛泽东常被一些同学歧视。一天，毛泽东与几位同学躲到教室后面在河边树荫下纳凉。突然一只青蛙从河中跳出来，蹲在柳荫下一块石头上。有位同学想为难毛泽东，便请他以“蛙”为题做诗，毛泽东开口吟道：“独坐池塘如虎踞，绿杨树下养精神。春来我不先开口，哪个虫儿敢做声。”众人听后，先是一愣，随即拍手称绝，原本排挤毛泽东的人也对他心悦诚服。

毛泽东喜效仿“康梁体”作文，这一点遭到个别思想保守的老师的反对。他写了一篇《宋襄公论》，因是“康梁体”，有位老师只给了他 20 分；而国文老师谭咏春则破例给了他 105 分，并写了一则批语：“视似君身有仙骨，环观气宇，似黄河之水，一泻千里。”李元甫得知此事，感觉到这不仅仅是先生对学生的态度问题，而且事关学校的教学风气和办学方向，当先生不应压制学生探求新知、接受进步思想的积极性。他向师生公开表示自己对此事的态度：“毛生润之的文章我都看过了，是写得很好的，他思想前进，文笔泼辣，给八九十分都不为过分。另外嘛，康、梁体的文章也是可以学的……”

从此以后，毛泽东在东山高小名声大振，被同学们誉为“文章魁首”。东山高小的教学风气，也由此来了一个大转变，康、梁文章开始搬上了讲堂，留学日本的萧先生甚至在课堂上讲起了“洋文”《天方夜谭》、《泰西五十轶事》……毛泽东和同学们都很兴奋，觉得这才真像一个洋学堂了。

在“公诚勤俭”的校训下，少年毛泽东以每天帮书院佃户易三奶奶挑水的方式，初步实现着他对民众的“仁”；以常与和他的师长、同学一起“激扬文字”，讨论国家和世界的形势，寻求救国救民的道路和方式，渐渐达到他将来需要的“智”；以每天跑步、爬山、游泳、冷水浴等，实现他的“野蛮其身体”；以饭堂上的格言“乌有士不啖菜根者而能办天下事者哉”为准则，成为“嚼得菜根者，百事可为”的人物。

在这里，毛泽东最早受到务实和实事求是学风的熏陶，其作文《言志》、《救国图存论》、《宋襄公论》无一不朝着“学以致用”的方向论证，由此形成了毛泽东重力行、重践履的思想作风；在以后的政治实践中，毛泽东把这一思想，与马克思主义紧密结合，最终在全党确立了“实事求是”的思想路线。

湖北省

湖北省，简称鄂，古称荆楚，因地处洞庭湖以北，故称『湖北』。

这里尚有佛道之『仙风』，更有革命伟人之『灵气』。『两百个将军同一个故乡』的红安，位于湖北省东北部，曾是革命圣地之一，其中散落着董必武旧居及纪念馆、李先念旧居、红四方面军诞生地、黄麻起义和鄂豫皖苏区革命烈士纪念馆、红军洞等多处革命遗址、遗迹。

武汉二七纪念馆

概况

武汉二七纪念馆位于武汉市汉口江岸地区解放大道的徐州新村街口，是为纪念1923年京汉铁路大罢工及“二七惨案”中林祥谦、施洋等39位烈士牺牲而修建的。1997年7月，武汉二七纪念馆被中宣部公布为首批全国爱国主义教育基地。

武汉二七纪念馆坐西朝东，占地面积27500平方米，建筑面积约为12700平方米。跨进纪念馆大门，二七烈士纪念碑矗立中央，碑文由毛泽东题写。纪念碑用花岗岩砌成，方锥体碑身置于石座之上，主碑高23.27米，寓意1923年2月7日惨案的历史时刻。碑顶是大鹏飞

◎武汉二七纪念馆

轮雕塑，碑座正面为锻铜汽笛。碑两侧是高 3.1 米，长各 15 米的弧形雕塑群。碑后座刻的碑文详细记述了“二七罢工”中英雄斗争的事迹。

纪念馆内的陈列厅分为 7 个部分，详细地介绍了“二七”革命斗争的全过程；陈列了老一辈无产阶级革命家及当代党和国家领导人的题字、文章、画作，以及“二七”发源地继承和发扬“二七”传统、再创新业绩的各个时期的英模事迹。

纪念馆内藏有文物实物 89 件，国家一级文物 3 件，二级文物 17 件。铁碑——二七纪念馆里的一级文物和镇馆之宝，高 1.25 米，宽 0.59 米，分上下两部分。铁碑的上半部两侧铸着两龙飞舞的图案。碑的下半部是法文字样。中间铸着“大清国铁路总公司建造京汉铁路由比国公司助理工成之日”和京汉铁路通车年月及朝廷官员前来参加落成典礼人员人名。它是当时帝国主义掠夺中国筑路权和清政府腐败无能、丧权辱国的有力见证。

“二七”惨案

中国共产党成立之后，积极领导中国工人阶级开始反帝反封建的罢工斗争，争取人权、争取自由。1923 年 2 月 1 日，京汉铁路沿线的长辛店、郑州、江岸等 16 个工会组织，举行了京汉铁路总工会成立大会。

直系军阀吴佩孚为了阻止总公会成立，派军警包围会场，对大会进行干涉和破坏。虽然遭此意外，工人代表们却不顾自身安危，毅然宣布了总工会的成立。

当日下午，反动军警又无耻地包围了代表们的住所。在此情况下，总工会不得不召开秘密会议。会议决定进行全路大罢工，并提出了“为自由战，为人权战”的口号。同时，还决定将总工会办公地址迁移至汉口江岸。

2 月 4 日正午时分，京汉全线工人一致行动，全线所有车辆一律停止行驶，长达1200多公里的京汉铁路顿时全部瘫痪。

2月7日，吴佩孚在帝国主义的支持下，命令湖北督军萧耀南指挥军警包围了京汉铁路总工会。铁路工人同仇敌忾，与敌人进行搏斗。与此同时，吴佩孚还在汉口江岸、郑州、长辛店等地对罢工工人进行了血腥镇压，他命令军警开枪，当场打死32人，打伤200多人，逮捕60多人，二七大罢工的领导人林祥谦、施洋等也不幸牺牲。这就是震惊全国的“二七”惨案。

“身殉名存烈士俦”——施洋

1889年6月13日，施洋出生在湖北竹山县杨家湖桂树村。他原名吉超，号万里，字伯高。1922年6月，施洋加入中国共产党。1923年2月15日，施洋因领导“二七”罢工，被敌人逮捕后遭到杀害，年仅34岁。

施洋的墓原在洪山西麓，1953年迁到湖北武汉洪山。墓前依山势建起宽阔磴道，层台中间有一座高约20米的丰碑。丰碑正面刻有“施洋烈士纪念碑”七个大字，背面刻着施洋的革命事略。碑前是施洋的半身像，他头戴中式小帽，上身着中式便衣，神色昂然，令人肃然起敬。

◎施洋

1915年，施洋进入湖北私立法政专门学校学习法律。在学校的这两年，他认真地思考着救国之道并最终从《共产党宣言》中找到了革命真理。1922年7月底，施洋领导汉阳铁厂工人进行罢工。罢工胜利后，他又参与组建武汉工团联合会，并被聘请为联合会法律顾问。1923年2月4日，施洋、林祥谦及其他进步人士一同领导了京汉铁路工人大罢工，积极组织武汉工人和学生进行反对军阀吴佩孚的游行示威。

2月7日下午，湖北军阀萧耀南开始采取武力镇压措施。当晚，施洋在家中被捕，被押送到汉口警察厅。2 月 8 日，施洋又被押送到位于武昌的湖北陆军审判处。当天下午，陆军审判处即开庭审理。法庭上，施洋毫不示弱，怒斥军阀吴佩孚、萧耀南镇压工人运动的行为，并一一列举了其滔天罪行。

◎施洋烈士纪念碑

2 月 15 日凌晨，对施洋无计可施的敌人将他押赴武昌洪山，准备执行死刑。施洋依然临危不惧，慷慨激昂地说："你们杀了一个施洋，还有千百个施洋！"听了这话，敌人连呼开枪。枪声响起，施洋高喊："劳工万岁！"当敌人的枪声第二次响起时，施洋仍然屹立，高呼："劳工万岁！"最后，施洋英勇地牺牲了。1957 年，董必武为他题诗一首：

二七工仇血史留，
吴萧遗臭万千秋。
律师应仗人间义，
身殉名存烈士俦。

武昌中央农民运动讲习所旧址纪念馆

概况

武昌中央农民运动讲习所旧址纪念馆位于武汉市武昌解放路红巷13号，于1963年建成开放，周恩来亲自题写馆名。该所是第一次国共合作时期毛泽东倡议创办的一所培养全国农民运动干部的学校，毛泽东实际主持全所工作。现展出的有常委办公室、教务处、总队部、大教室、大操场等复原陈列和反映农讲所历史的辅助陈列。毛泽东1926年11月下旬至1927年8月在武昌时的旧居，于1967年按原貌重建并开放，也成为农讲所参观的一部分。1997年7月，纪念馆被中宣部公布为首批全国爱国主义教育基地。

农民运动讲习所旧址纪念馆是一个长方形大院，大院两面墙上

◎武昌中央农民运动讲习所旧址

◎讲习所大教室

◎讲习所教务处

“进行国民革命”、“拥护工农政策”的标语至今还历历在目。大院从前到后整齐排列着4栋高台式建筑，第一排红柱青砖的房舍，为当年的办公用房。东边有常委办公室，毛泽东就在这里办公；第二排房屋中部是大教室；穿过大操场，是一幢二层青砖楼房，为学员寝室，寝室中陈列着简朴的双层木床、卧具、军装、枪架，墙上贴着“到农村去”、“实行农村大革命”等体现农讲所办学方向的口号。

农讲所始末

在国民大革命期间，农民革命如火如荼地开展起来。为了把革命火种播撒到全国，1926年11月，毛泽东提出开办湘鄂赣三省农民运动讲习所，主要培养全国农民运动干部。

农讲所从1926年底开始筹备，到1927年3月7日正式开课。4月4日，来自湖南、湖北、江西等17个省约800多名学员参加了开学典礼。

农讲所的领导机构是常务委员会，常务委员由邓演达、毛泽东、陈克文担任。一些共产党人、国民党左派和知名人士，如瞿秋白、李立三、恽代英、彭湃、方志敏、陈荫林、于树德、李汉俊、何翼人、李达等在讲习所任教。

可惜的是，由于大革命失败，武昌中央农民运动讲习所只办了1期。同年6月18日，武昌农讲所举行了毕业典礼。毛泽东、邓演达等出席典礼并发表讲话。典礼上，每个同学领到一枚刻有金色犁头和“农村革命”4个字的铜制五角星证章。

经过了102天的政治、军事、文化方面的学习，800多名学员全部于19日毕业。虽然武昌中央农讲所是以国民党名义举办的，但大多数学生被委任为农民协会特派员。他们深入农村，开展农民运动，在神州大地上处处可见他们的身影。当时正值大革命失败后期，学员们积极投身于各地的工农武装起义，如八一南昌起义、湘赣边秋收暴动、黄麻起义以及参与创建湘鄂西等革命根据地的斗争，为工农革命做出了巨大的贡献。

红安黄麻起义和鄂豫皖苏区革命烈士陵园

概况

红安黄麻起义和鄂豫皖苏区革命烈士陵园，位于湖北省黄冈市红安县城关镇陵园大道 1 号，占地面积 341 亩。陵园是为了纪念在黄麻起义和鄂豫皖苏区革命根据地斗争中牺牲的烈士建立的。1997 年 7 月，该陵园被中宣部公布为首批全国爱国主义教育基地。

陵园主要纪念建筑物有：黄麻起义和鄂豫皖苏区革命烈士纪念碑、烈士祠、黄麻起义和鄂豫皖苏区革命烈士纪念馆、董必武纪念馆和李

◎红安黄麻起义和鄂豫皖苏区革命烈士陵园

先念纪念馆等。

陵园的大门是高大的牌坊建筑，坐北朝南。门牌高大、巍峨，其上是由行书写就的涂金大字“黄麻起义和鄂豫皖苏区革命烈士陵园”。入园约百米，为黄麻起义和鄂豫皖苏区革命烈士纪念碑。纪念碑高27.11米，寓意1927年11月爆发的黄麻起义。碑座前方是汉白玉雕成的党徽；碑座两侧是苏区人民在黄麻起义和鄂豫皖革命根据地斗争中，英勇奋斗的巨幅浮雕。两尊巨大的铜像塑在碑的两侧护卫：左边的农民背着大刀，手举铜锣；右边的红军战士高举钢枪，奋勇向前。

烈士祠位于纪念碑北面，原为砖木结构，1984年改建为钢筋混凝土及砖土结构。祠内设有烈士灵堂，陈列着全县英烈名册和党、政、军、民及各界敬献的花圈。

烈士祠西侧是黄麻起义和鄂豫皖苏区革命烈士纪念馆。纪念馆占地面积4670平方米，建筑面积2460平方米。馆内设立序厅和烈士陈列室。序厅由雕塑《大别山母亲》和背景浮雕《碧血黄安》组成。烈士陈列室分《革命先导》、《起义英雄》、《大别忠魂》等共六大部分。

董必武纪念馆和李先念纪念馆都位于黄麻起义和鄂豫皖苏区革命烈士陵园内的稞子山上。东北处的董必武纪念馆占地面积5800平方米，建筑面积1370平方米。纪念馆的建筑风格是中国庭院式结构。李先念纪念馆在董必武纪念馆的对面。该馆占地面积5500平方米，建筑面积2227平方米。两个纪念馆分别记载了两位国家领导人为革命和国家建设做出的卓越贡献。

黄麻起义

1927年4月和7月，蒋介石和汪精卫相继叛变革命。黄、麻两县党组织依靠广大群众和掌握的农民自卫军武装，坚决反抗当地的反动势力。1927年9月，中共湖北省委建立了鄂东特委。11月，鄂东特委召开紧急会议，会上决定武装起义，夺取黄安县城。攻城队伍由黄安

◎董必武纪念馆

◎李先念纪念馆

农民自卫军、麻城农民自卫军、七里坪及紫云等区农民义勇队共上千人组成。

13日，起义开始。晚上10点左右，经起义指挥部决议，副总指挥吴光浩先率领70人组成的突击队，化装进入城内潜伏，时刻准备里应外合。总指挥潘忠汝率领农民自卫军、农民义勇队向黄安县城进发。

翌日凌晨，攻城队伍从县城西北攀梯而上，占领北门，迅速攻入城内。经过浴血奋战，攻城队伍攻进黄安县城，占领了县政府、警察局，消灭国民党军近200人，活捉县长等官吏及土豪劣绅10余人，缴获步枪30余支，子弹90箱，最终控制了全城。

18日，按照中共湖北省委指示，由黄、麻两县农民自卫军及赶来配合起义的农民自卫军组成工农革命军鄂东军。同日，黄安县农民政府也宣告成立。

12月5日，国民党军以第12军教导师突袭黄安城。鄂东军据城固守，但终因伤亡惨重，被迫突围。12月下旬，当地中共组织和鄂东军部分领导人决定转移72人到黄陂县木兰山一带进行游击活动。

1928年1月，鄂东军在木兰山改编为中国工农革命军第7军。5

◎油画：《黄麻起义》

月，第 7 军在河南省光山县南部柴山保地区，创建根据地，走上了边界武装割据的道路。同年 7 月，第 7 军改编为中国工农红军第 11 军第 31 师。1929 年 5 月，红 31 师发展到近 400 人，初步建成了以柴山保为中心，纵横 50 余公里的鄂豫边苏区。黄麻起义创建的红军和苏区，是中国工农红军第四方面军和鄂豫皖苏区的重要来源及组成部分。

◎黄麻起义和鄂豫皖苏区革命烈士纪念碑

辛亥革命武昌起义纪念馆

概况

辛亥革命武昌起义纪念馆位于武昌蛇山南麓的阅马场北端，占地面积 18000 多平方米，建筑面积近 10000 平方米。1997 年 7 月，该馆被中宣部公布为首批全国爱国主义教育基地。

1911 年 10 月 10 日，孙中山领导的辛亥革命武昌首义成功。革命党人建创立了中华民国军政府鄂军都督府，即湖北军政府，宣布废除

◎辛亥革命武昌起义纪念馆

清朝帝制，建立中华民国。为了纪念这个伟大的历史功绩，依托中华民国湖北军政府旧址（即武昌起义军政府旧址）成立了辛亥革命武昌起义纪念馆。

纪念馆主体建筑为二层红色楼房，因此又称“红楼”。红楼是砖木结构，坐北朝南，高二层，面阔 73 米，进深 42 米。上层顶端正中有教堂式望楼，是西欧古典建筑风格。主楼台基高出地面，为花岗岩石，以扇面撒开形的阶梯向上延伸。主楼和附楼是红楼的主要建筑，面对广场正立面全为外廊设计，四根方柱直顶檐下，柱头雕花。附楼檐下拱券相间的花饰，全部为白色，大面积红砖，白色雕饰为点缀。

红楼前建有碧樟广场和花坛喷泉，并竖有孙中山先生的铜像。广场上的“武昌起义军政府旧址”横幅由孙中山夫人宋庆龄亲笔题写。红楼后方是一座二层楼房。楼房两侧各有一排红色平房。铁栅大门横

亘在正前方出口处。大门两侧为门房，由红色矮墙自门房两侧平伸，连接着左右的平房，共同围成方形院落。

纪念馆基本陈列有辛亥革命武昌起义史迹陈列、孙中山先生生平事迹展览、黄兴先生生平事迹展览等基本陈列。馆内展览与辛亥革命有关的历史文物1000多件，历史照片10000余张，其中有孙中山签发的“李翊东前往赣州办理要事”的大元帅令和王霞宙、张善子绘制的刘静庵烈士画像等珍品。

风云武昌起义

辛亥武昌起义前夕，慈禧太后与光绪皇帝相继去世，由醇亲王载沣摄政的清政府继续实行“量中华之物力，结与国之欢心”的“卖国”政策。清政府收广东、四川、湖北、湖南等地的商办铁路为国有，卖给西方列强。全国民众激愤不已，掀起保路运动，四川尤为激烈。清廷派大臣端方率领部分湖北新军入川镇压，清廷在湖北防御力量减弱。趁此良机，革命党人决定在武昌发动起义。

1911年9月14日，在注重发展新军力量的文学社和共进会的推动下，起义军建立了统一的起义领导机关，联合反清。24日，革命团体召开联席会议，决定在10月6日发动起义，并推举孙武为革命军参谋长。

不料，革命党人的活动不慎被湖北当局察觉，被时刻紧盯。同时，同盟会重要领导人黄兴、宋教仁等没有及时赶到武汉。因此，起义不得不延期发动。

10月9日，孙武等人在汉口俄租界配制炸弹，操作不慎，炸弹被引爆。听闻爆炸声的俄国巡捕急忙赶来，搜走了革命党人名册、起义文告、旗帜等物件。起义的事彻底暴露。湖广总督瑞澄，下令关闭四城，到处搜捕革命党人。

起义刻不容缓，新军中的革命党人自行联络，约定10月10日晚，以鸣枪作为发动口号进行起义，吴兆麟被推举为临时总指挥。夜间，新军工程第 8 营的革命党人打响了武昌起义的第一枪。

这时，驻守武昌城外的辎重队、炮兵营、工程队的革命党人也发动了起义。武昌城内 29 标营的蔡济民和 30 标营的吴醒汉也率领部分起义士兵冲出营门。一时间，武昌城内外各标营的革命党人也纷纷响应。大家不约而同赶向楚望台，此次起义人数多达 3000 多人。

深夜 10 点 30 分，起义军分三路进攻总督署和旁边的第 8 镇司令部。炮兵向督署进行轰炸。湖广总督瑞澄从长江坐船逃走，第 8 镇统制张彪退出武昌。起义军缴获步枪数万支、炮数十门、子弹数十万发。至此整个武昌落入起义军的掌控之中。

李时珍纪念馆

概况

李时珍纪念馆坐落在蕲州镇风景秀丽的雨湖畔，占地面积 50000 平方米，由本草碑廊、纪念展厅、药物馆、百草药园、墓园五大部分组成。1997 年 7 月，李时珍纪念馆被中宣部公布为首批全国爱国主义教育基地。

纪念馆第一重院落是本草碑廊。96 块黑色大理石镶嵌在墙壁上，上刻著名画家蒋兆和画的李时珍像、明末清初文学家顾景星所撰《李时珍传》、明代文坛巨匠王世贞的《本草纲目序》及从《本草纲目》中节选出来的 128 种本草药图。碑廊尽头，可见两座石雕狮子守护着大门。纪念展厅正中，高约 3 米的李时珍塑像直立眼前。

第二重院落是李时珍纪念展厅，展览了大量文物、图片资料，展示了伟大医学家李时珍的卓越贡献。

药物馆是仿明建筑，陈列了动物、植物、矿物标本 300 多种。百

◎李时珍纪念馆

草药园面积为 15 亩，栽种了 100 多种中草药。走过百草园的药物长廊，就到了墓区。拾阶而上，一个平台矗立着大理石纪念碑，碑顶有李时珍半身塑像，塑像两旁是六角纪念亭。向上是一个平台，即李时珍与妻子吴氏合葬墓。

李时珍重修《本草纲目》

在李时珍 20 岁的时候，家乡蕲州发了一场洪水。这场洪水将良田覆盖、房屋冲毁，人民无依无靠，无以为生。更糟糕的是，洪水退后，瘟疫来袭。

灾区的瘟疫愈演愈烈，丝毫没有停止的意思。一天，李时珍正坐在椅子上思虑救灾事宜，外面忽然传来吵嚷之声。李时珍停止思考，赶到屋外，看见一位年轻人拽着江湖郎中模样的人不放，还有拳脚相加的意思。李时珍赶忙问是怎么回事。年轻人愤怒地说：“这个人给我爹开了一副药，我爹喝下去，不但没有见好，反而加重了。我怀疑他的药有问题，您是有名的大夫，您给看看，他这个药方有没有问

◎李时珍铜像

题。”说着递上药渣。

李时珍接过药渣，闻过之后，又尝了一下。突然，他眉头紧皱，问道：“是虎掌吗？”江湖郎中听说虎掌，连忙申辩，“没有，我没有开虎掌，虎掌是有毒的。这个药性我知道。”

年轻人听到江湖郎中说出这样的话，心知是药店的事情，一定是药店抓错了药，转身就要冲出人群。李时珍看到年轻人冲动的架势，知道他一定要去药店，连忙拉住他，说：“别去药店，这不是药店的错。”

在一旁围观的很多人都感到很疑惑。李时珍解释道：“这是古医书上的错误。《日华本草》上记载，漏蓝子和虎掌是一种药材。”

江湖郎中听后，明白这就是问题的症结所在，自己开的正是漏篮子。他赶紧表明态度：“对，我开的就是漏篮子。”听了李时珍的解释，年轻人才肯把江湖郎中给放了。众人也纷纷点头，明白了原委。

虽然这件事情解决了，可是却在李时珍心中结下了疙瘩：古医书上很多药物的记载都有错误，医师们如果不去明察药物的药性，很容易造成错误，每天不知道有多少人死于这样的误诊。于是，他萌生了

重修《本草》的想法。

重修《本草》谈何容易，项目浩繁、工程巨大，以一人之力难以胜任。然而，李时珍却并没有因此放弃。他利用在朝廷工作的机会，看了很多古籍，掌握了浩如烟海的医药理论知识。此后辞职，每天到草药密集的地方采集草药、研究草药、尝试草药，积累了实践知识。

1578年，李时珍耗尽心血，历时29年，终于完成了190万字的鸿篇巨制《本草纲目》，充实了祖国的医学宝库。

◎《本草纲目》

“八七会议”会址纪念馆

概况

1927年8月7日，湖北省武汉市汉口鄱阳街135—139号，承载了一个历史性的重要会议——“八七会议”，确定了土地革命和武装反抗国民党反动派屠杀政策的总方针，挽救革命于危难之中，为中国革命做出了重要贡献。现在这个地址被开辟成“八七会议”会址纪念馆。

纪念馆依托旧址而建，是一栋西式楼房，占地面积438.62平方米，总建筑面积1397.12平方米。2001年6月，这里被中宣部公布为第二批全国爱国主义教育基地。

纪念馆一楼举办有反映“八七会议”历史的辅助陈列，分为三个部分，即“风云突变”、“重大转折”、“星火燎原”，共展出300多件

◎“八七会议”会址纪念馆

文物、照片和珍贵历史资料，还原了“八七会议”的历史过程。其中有很多特色藏品，例如“八七会议”记录及其决议案、会议代表瞿秋白等人用过的物品、李维汉的亲笔信函以及邓小平回忆“八七会议”的录音等。纪念馆还设有延伸和扩展内容，即触摸视频。它的主要作用是向观众介绍会址详情和代表生平等内容。

纪念馆二楼复原了当年的会场，通过简单朴实的陈设，展示了当年开会的实况。另外，纪念馆还辟有临时展厅，经常举办反映党史和祖国建设成就等方面的展览，《毛泽东与湖北》大型图片展就是其中的一个。展览展详细地介绍了一代伟人毛泽东在湖北从事的革命实践和社会活动。

新的转折——“八七会议”

为了总结大革命失败的经验教训，纠正陈独秀的右倾机会主义错误，确定党在新时期的斗争方针和任务，在共产国际的帮助下，1927

◎八七会议会场

年 8 月 7 日，中共中央在汉口原俄租界三教街 41 号（今鄱阳街 139 号）召开了中央紧急会议，即“八七会议”。

参加会议的中央委员有：李维汉、瞿秋白、张太雷、邓中夏、任弼时、苏兆征、顾顺章、罗亦农、陈乔年、蔡和森；候补中央委员有：李震瀛、陆沉、毛泽东；中央监察委员有：杨匏安、王荷波；中央委员有：李子芬、杨善南、陆定一；湖南省委代表彭公达；湖北省委代表郑超麟；中央军委代表王一飞，党中央秘书处负责人邓小平；共产国际代表罗明那兹和另外两个俄国代表。

会议由瞿秋白、李维汉主持，共进行了三项议程：共产国际代表作报告；中央常委代表作报告；改选中央政治局。会上，罗明纳兹作党的过去错误及新的路线的报告和结论，瞿秋白代表中央常委会作将来工作方针的报告。在会议讨论中，一些与会者批评中央在处理国民党问题、农民土地问题、武装斗争问题等方面的右倾错误。有的人还对苏联顾问、共产国际代表的一些错误加以批评。

在广泛的发言中，毛泽东从国共合作时不坚持政治上独立性、党中央不倾听下级和群众意见、抑制农民革命、放弃军事领导权等四个方面批评陈独秀的右倾错误。关于军事工作，他尖锐地指出：“从前我们骂中山专做军事运动，我们则恰恰相反，不做军事运动专做民众运动。”毛泽东还着重强调：“以后要非常注意军事，须知政权是由枪杆子中取得的。”这是一个对中国革命有着极其重要意义的论断。这个论断是从大革命失败的血的教训中取得的，它指出了中国革命的特点，实际上提出了以军事斗争作为党的工作重心的问题。对此，毛泽东建议“此次会议应重视此问题，新政治局常委要更加坚强起来注意此问题”。

会议讨论通过了《告全党党员书》、《最近农民斗争的议决案》、《最近职工运动的议决案》、《党的组织问题议决案》等决议，要求坚决纠正党在过去的错误，明确提出土地革命是中国资产阶级民主革命的中心问题，是中国革命新阶段的主要的社会经济内容。党的现实最主要的任务是有系统地、有计划地、尽可能地在广大区域内准备农民的总暴动。会议决定调派最积极的、坚强的、有斗争经验的同志，到各主要省区发动和领导农民暴动，组织工农革命军队，建立工农革命政权，解决农民土地问题。

会议撤销了陈独秀的领导职务，选举瞿秋白、李维汉、苏兆征等组成中共中央临时政治局，毛泽东当选为中共中央临时政治局候补委员。同时选举了新的临时中央政治局：政治局委员为苏兆征、向忠发、瞿秋白、罗亦农、顾顺章、王荷波、李维汉、彭湃、任弼时；候补委员为邓中夏、周恩来、毛泽东、彭公达、张太雷、张国焘、李立三。会后，临时中央政治局选举瞿秋白、李维汉、苏兆征为政治局常委。由瞿秋白主持中央工作。新的临时中央政治局决定设立中共中央北方局、南方局和长江局，决定王荷波任北方局书记，蔡和森为秘书；张太雷赴南方局，任广东省委书记；罗亦农赴长江局工作；毛泽东去湖南在湘赣边区领导秋收起义。

由于白色恐怖，形势紧迫，“八七会议”仅为时一天就结束了。但是在这短短的一天时间里，中国共产党却由此转危为安。“八七会议”是在中国革命的危急关头召开的，会议正式确定了实行土地革命和武装起义的方针，并把领导农民进行秋收起义作为当前党的最主要任务，从而使全党没有在白色恐怖面前惊慌失措，指明了今后革命斗

争的正确方向，特别是毛泽东在会上提出“须知政权是由枪杆子中取得的”，为挽救党和革命做出了巨大贡献，中国革命从此开始由大革命失败到土地革命战争兴起的历史性转变。

闻一多纪念馆

概况

闻一多纪念馆坐落在闻一多的故乡——湖北省浠水县城。纪念馆主体工程是一座庭院式仿古建筑群。2001 年 6 月，闻一多纪念馆被中宣部公布为第二批全国爱国主义教育基地。

进入纪念馆，映入眼帘的是闻一多全身铜像。铜像通高 3.9 米，身高 2.5 米，基座高 1.4 米，在开阔的草坪上巍然屹立，取闻一多拍案而

◎闻一多纪念馆

起故事的主题塑成。

铜像前有一口井、一水池。井为公元 790 年开掘的，此井极富传奇色彩，是“清泉井”；池子，是汰笔池“羲之墨沼”，相传书圣王羲之曾来此处习字。一座小桥拱在池上，名曰“七曲”，大约 15 米的距离。七曲桥如同其名，曲直有致，寓意闻一多的一生是坎坷而曲折的。仿竹制护拦象征了闻一多高风亮节的精神。殷红的桥面隐喻了闻一多用鲜血和生命铺就了一条通向革命胜利的光辉大道。

序厅坐落在铜像的正后方。由江泽民亲自题写的“闻一多纪念馆”六个大字在门首黑色大理石匾额上熠熠生辉。

进入序厅，迎面是气势磅礴的巨幅画作。画作以红烛群落为主，奔腾的烈焰变化为隐约可见的凤鸟，把凤凰涅磐寓意的崇高精神境界生动地勾勒出来；黑发蓬松、口衔烟斗、忧国忧民的闻一多侧身回首，神情泰然。

一块白色大理石无字地碑矗立在壁画前，体积为 1.04 立方米、重 2 吨。无字碑略带青灰色的纹路恰像无垠的大海，是闻一多的诗句“我爱白石的坚贞、青松和大海”的显现。

“民主战士、革命学者和爱国诗人”——闻一多

“你是一团火，照彻了深渊；指示着青年，失望中抓住自我。你是一团火，照明了古代；歌舞和竞赛，有力猛如虎。你是一团火，照亮了魔鬼；烧毁了自己！遗烬里爆出个新中国！”爱国诗人闻一多的诗沉郁奇丽，具有强烈而深沉的民族意识和民族气质。爱国主义精神贯穿于闻一多的全部诗作，成为他诗歌创作的基调。

闻一多，1899 年 11 月 24 日生于湖北巴河镇闻家铺的一个书香家庭，自幼爱好古典诗词和美术。五岁入私塾启蒙。1912 年，13 岁的闻一多以复试鄂藉第一名的成绩考入北京清华留美预备学校(清华大学前身)，并在清华度过了十年学子生涯。其间，他学习刻苦，成绩优异，

兴趣广泛，喜读中国古代诗集、诗话、史书、笔记等。1916 年，闻一多开始在《清华周刊》上发表系列读书笔记，总称《二月庐漫记》，同时创作旧体诗，并任《清华周刊》、《新华学报》的编辑和校内编辑部的负责人。1919 年五四运动时，闻一多积极参加学生运动，曾代表学校出席全国学联会议。1920 年 4 月，他发表第一篇白话文《旅客式的学生》同年 9 月，发表第一首新诗《西岸》。1921 年 11 月，闻一多与梁实秋等人发起成立清华文学社，次年 3 月，写成《律诗底研究》，开始系统地研究新诗格律化理论。

1922 年 7 月，闻一多赴美国芝加哥美术学院学习，年底出版与梁实秋合著的《冬夜草儿评论》，这部著作代表了闻一多早期对新诗的看法。他还写下了著名的《七子之歌》等多篇爱国思乡之作。1923 年 9 月，闻一多出版第一部诗集《红烛》，把反帝爱国的主题和唯美主义的形式典范地结合在一起。

闻一多于 1925 年 5 月回国，在北京艺术专科学校任教务长，并在北京大学教授外国文学。1927 年，他应邓演达之邀，到武汉国民革命军总政治部负责艺术股工作。不久，他离开部队，到南京第四中山大学任外文系主任。1928 年 1 月，闻一多出版第二部诗集《死水》，在颓废中表现出深沉的爱国主义激情，标志着他在新诗方面所取得的进步和成就。

1928 年 3 月，闻一多参加《新月》杂志的编辑工作，同年秋到武汉大学任文学院院长兼中文系主任，1930 年任青岛大学文学院院长，1932 年回到北京，任清华大学中文系教授，从事中国古典文学研究。在此期间，闻一多对《周易》《诗经》《庄子》《楚辞》四大古籍做了整理研究，后汇集成为《古典新义》，他同时对古文字学、音韵学、民俗学也下了惊人的功夫。其涉猎之广，研究之深，成果之丰，被郭沫若称为“前无古人，后无来者”。

全国抗战爆发后，闻一多随校迁往昆明，任北大、清华、南开三校合并后的西南联合大学教授。面对严酷的现实，他毅然抛弃文化救亡的幻想，积极投身到抗日救亡和争民主、反独裁的斗争中。1943年，闻一多开始得到中共昆明地下党和民主同盟的帮助，党通过不同渠道，给他送去毛泽东的《新民主主义论》等著作。他开始认识到要救中国，必须从根本上推翻帝国主义和封建军阀的统治。抗战八年中，他留了一把胡子，发誓不取得抗战的胜利不剃去，表示了抗战到底的决心。1944年，闻一多加入中国民主同盟，后出任民盟中央执行委员、民盟云南支部宣传委员兼《民主周刊》社社长，成为积极的民主斗士。

1945年，闻一多在中国民主同盟第一次全国代表大会上被选为民盟中央执行委员，后又担任云南支部宣传委员兼《民主周刊》社社长。同年12月1日，昆明发生国民党当局镇压学生爱国运动的一二一惨案，闻一多亲自为死难烈士书写挽词："民不畏死，奈何以死惧之"。出殡时，他拄着手杖走在游行队伍前列，并撰写了《一二一运动始末记》，揭露惨案真相，号召"未死的战士们，踏着四烈士的血迹"继续战斗。1946年6月29日，民盟云南支部举行社会各界招待会，他在会上宣布民盟决心响应中共的号召，坚持"民主团结、和平建国"的立场，号召"各界朋友们亲密地携起手来，共同为反内战、争民主，坚持到底!"

◎闻一多雕像

7月11日，民盟负责人、著名社会教育家、当年救国会七君子之一的李公朴，在昆明被国民党特务暗杀。闻一多当即通电全国，控诉反动派的罪行。他为《学生报》的《李公朴先生死难专号》题词："反动派！你看见一个倒下去，可也看得见千百个继起来！"

7月15日，闻一多参加了李公朴的治丧活动。此次集会上，他拍案而起，公开发表了演讲，指责国民党特务的罪恶行为。"这几天，大家知道，在昆明出现了历史上最卑劣最无耻的事情！李先生（李公朴）1946年7月11日在昆明被国民党特务杀害。究竟犯了什么罪，竟遭此毒手？他只不过用笔写写文章，用嘴说说话，而他所写的，所说的，都无非是一个没有失掉良心的中国人的话！大家都有一支笔，有一张嘴，有什么理由拿出来讲啊！有事实拿出来说啊！为什么要打要杀，而且又不敢光明正大地来打来杀，而是偷偷摸摸地来暗杀！这成什么话？……正义是杀不完的，因为真理永远存在！历史赋予昆明的任务是争取民主和平，我们昆明的青年必须完成这任务！我们不怕死，我们有牺牲的精神！我们随时像李先生一样，前脚跨出大门，后脚就不准备再跨进大门!"

然而，这次演讲竟然成了闻一多"最后一次的演讲"。当天傍晚，闻一多回"联大"宿舍的途中，遭枪击身亡，时年不满48周岁。同时遭到枪击的还有闻一多的长子闻立鹤，他被射向父亲的子弹打成了重伤。

闻一多的死讯又加重了原来阴郁的气氛，各界人士都为闻一多的牺牲感到痛惜。第二天，《民主周刊》推出了最后一期，将闻一多在李公朴殉难经过报告会做的演讲起名《最后一次讲演》发表，并以红色的斑点在封面染撒，象征鲜血，表示内心的抗议和悲愤。

湖北省博物馆

概况

湖北省博物馆位于湖北省武汉市武昌区东湖路156号，现总占地

◎湖北省博物馆

面积达 81909 平方米，建筑面积 49611 平方米，展厅面积 13427 平方米。2001 年 6 月，该馆被中宣部公布为第二批全国爱国主义教育基地。

湖北省博物馆目前举办有《楚文化展》、《郧县人》、《九连墩纪事》、《盘龙城》、《书写历史》、《屈家岭》、《曾侯乙墓》、《秦汉漆器艺术》、《梁庄王墓》、《古代瓷器专题展》等十多个展览，从不同的方面展示了湖北悠久的历史和灿烂的文化。

《楚文化展》陈列于楚文化馆，分为八个部分，湖北地区出土的楚文物精华在这里集中展出。展品中有越王勾践剑、吴王夫差矛，还有复原的 2002 年在湖北枣阳九连墩发掘的楚国车马坑中的部分车马。

《郧县人》、《九连墩纪事》、《盘龙城》、《书写历史》分别展示了湖北境内旧石器时代遗存的发现、墓葬发掘的过程和楚国高级贵族墓的墓葬文化、商代“南土”盘龙城城址的考古发现、湖北省出土的战国秦汉简牍和书写工具实物。

《屈家岭》昭示了 5100 年～4500 年前长江中下游地区的新石器文化。这一时期大量聚落群和古城出现，《屈家岭》作为代表，展示了

当时的人们生活面貌和精神世界。

《曾侯乙墓》展现了 2400 年以前人们的精神世界和物质生活。陈列分祭厅、青铜器、兵器、车马器、竹简、漆木器、金玉器和乐器八大部分，共展出最具代表性的文物 360 件。

漆器是中国古代最伟大的发明之一，秦汉时期的漆器达到鼎盛期。《秦汉漆器艺术》集中展示了馆藏的最具特色的秦汉漆器。

《梁庄王墓》展示了明梁庄王墓出土的文物，墓是明仁宗朱高炽的第九子朱瞻垍与魏妃的合葬墓。展览品包括金器、玉器、瓷器等珍贵文物 5300 件。其中，一个金锭来自“西洋”，是郑和下西洋的重要见证。

《古代瓷器专题展》展览分为两个专题，第一专题以出土瓷器为主，介绍元代以前湖北地区的单色釉瓷器的发展脉络；第二专题以馆藏传世瓷器为重点，展示元代以后瓷器的发展面貌。

馆藏宝物

湖北省博物馆有四大镇馆之宝，分别是：越王勾践剑、曾侯乙编

◎越王勾践剑

◎曾侯乙编钟

钟、郧县人头骨化石、元青花四爱图梅瓶。

越王勾践剑，于1965年冬天，在湖北省荆州市附近的望山楚墓群中出土，系春秋晚期文物。此剑千年不锈，由许多小暗格组成，通高55.7厘米，宽4.6厘米，柄长8.4厘米，重875克。剑上用鸟篆铭文刻“越王勾践自作用剑”，专家通过对这八个字的解读，最终认定此剑就是传说中的越王勾践剑。

曾侯乙编钟，于1978年在湖北随县曾侯乙墓出土。此编钟是战国时期文物，钟架长748厘米，高265厘米，重4.5吨左右。出土后的编钟是由65件青铜编钟组成的庞大乐器，分为三层，八组悬挂在呈曲尺形的铜木结构钟架上。

郧县人1号头骨化石，旧石器时代文物，大致距今80万年至90万年。1989年，出土于郧县曲远河口学堂梁子。头骨化石颅长26厘米，颅宽19厘米，颅高12厘米，是湖北首次发现的古人类头骨化石。根据

◎郧县人头骨化石

头骨特征，考古学家认为此人属于直立人类型，所以定名为“郧县直立人”，简称郧县人。

◎元青花四爱图梅瓶

元青花四爱图梅瓶，于2006年在钟祥市郢靖王墓出土。瓶高38.7厘米，口径6.4厘米，底径13厘米。瓶身肩部饰凤穿牡丹；王羲之爱兰、陶渊明爱菊、周敦颐爱莲、林和靖爱梅，以这“四爱图”作为青花装饰瓶子腹部；足部饰仰覆莲纹。三层纹样以卷草纹、锦带纹为界。白釉泛青，色彩清脆艳丽，是罕见的元青花精品。

越剑楚出

“宝剑配英雄”为世所公认。越王勾践无疑是那个时代的英雄，那么他的宝剑是什么呢？越王勾践剑出土于湖北省荆州市附近的望山楚墓中，经专家鉴定，确系勾践剑。但是，为什么越王的剑会出现在楚国的坟墓中呢？

相传，越王勾践为打败吴王夫差，一方面采取各种富国强兵的措施，另一方面讨好吴王，用美人计迷惑吴王，霍乱吴国内政。

在富国强兵之时，越王勾践深深感到，灭吴国的缺憾是缺少一把绝世好剑，于是下令找人铸造宝剑。当时，越国最好的工匠是郑勤。为了帮勾践铸好宝剑，郑勤和儿子郑刚竭尽心力，将平生所学的知识都用在了铸剑上。待到 49 天后，宝剑横空出世。

“飞鸟尽，良弓藏，狡兔死，走狗烹”这个道理，郑勤深谙于心，他不仅造出了越王所要之剑，还造出了另一把与之抗衡的宝剑，两把宝剑——“一雌一雄”。郑勤知道越王勾践心胸狭隘，自己献宝剑的日子，就是自己的死期。于是，郑勤把儿子郑刚叫来，让其带着雄剑赶紧逃离，投奔楚国。父子告别，相拥而泣。

第二天，郑勤将宝剑献给越王。宝剑光芒四射、锋利无比，勾践十分满意，连连夸赞。忽然间，他脸色阴郁、眉头紧皱，命人将郑勤拖出去斩首了。

郑刚将雄剑埋到雁荡山中，自己逃到楚国，再不提自己的身世和“雄剑”。之后，他被楚王赏识，封为冶炼吏。在郑刚的领导下，楚国精良兵器层出不穷。多年后，楚国兴兵伐越，打败勾践。勾践自刎而亡。

楚王从勾践手中得到“雌剑”，欣喜无比，但看到它还沾有勾践的血迹，心中有所顾忌，就把它赏给了身边的武官。武官死后，“雌剑”

就成了他的殉葬品，再也没有出世，直到 1965 年冬在湖北省荆州市附近的望山楚墓群中被发现。

瞿家湾湘鄂西革命根据地旧址

概况

瞿家湾湘鄂西革命根据地旧址位于湖北省洪湖市西部的瞿家湾镇，共有现代重要史迹及代表性建筑 39 处，其中革命旧址 35 处，遗址 4 处，它们大部分集中于瞿家湾镇红军街（老街）和沿河路街道南北两边。2005 年 11 月，旧址被中宣部公布为第三批全国爱国主义

◎瞿家湾湘鄂西革命根据地旧址

教育基地。

湘鄂西革命根据地，又称“湘鄂西苏区”位于湖南、湖北两省西部边界地区的湘鄂西革命根据地，是第二次国内革命战争时期割据范围最大的三块红色根据地之一。1928 年，贺龙、周逸群、邓中夏、段德昌、贺锦斋等在湘鄂边领导进行了游击战争，并开创了湘鄂边革命根据地，成立了中国工农红军第四军（后改为河邺军）。1930 年工农红军又在这里开创了洪湖革命根据地，成立了中国工农红军第六军。7 月，河邺军、红六军在湖北公安县会师，组成中国工农红军第二军团，贺龙任总指挥，周逸群任政治委员，孙德清任参谋长，柳直荀任政治部主任，从此，湘鄂边、洪湖两个根据地连成一片，形成了湘鄂西革命根据地，并建立了中共中央湘鄂西分局、中共湘鄂西省委、省苏维埃政府、省革命军事委员会等机关。

1931 年 7 月至 1932 年 4 月，湖北监利县周老嘴成为湘鄂西苏区的首府，后迁至洪湖瞿家湾，相继成为根据地的中心。鼎盛时期，湘鄂西革命根据地曾覆盖 58 个县市，拥有 2 万正规红军和近 5 万地方武装。

旧址主要包括湘鄂西省军委、省委旧址、中共中央湘鄂西分局、湘鄂西省委宣传部、《工农日报》社、《红旗日报》社旧址、红军被服厂旧址、湘鄂西省苏维埃政府旧址等。同时，还建立了洪湖革命历史博物馆瞿家湾陈列室。

踏入湘鄂西苏维埃政府旧址，就能看出牌坊式门面的高大建筑原来是个祠堂。走过天井小院，来到中庭，展柜上贺龙、周逸群等用过的印章、土茶壶，湘鄂西农民银行发行的各种纸币，铜币和银币，还有当年的拥军鞋、配章及《红旗报》等报刊和《国民党十大罪状》等传单并列展览着。

“叛逆”的贺英

洪湖水呀浪呀嘛浪打浪啊
洪湖岸边是呀嘛是家乡啊
清早船儿去呀去撒网
晚上回来鱼满舱啊啊
四处野鸭和菱藕
秋收满帆稻谷香
人人都说天堂美
怎比我洪湖鱼米乡啊啊
洪湖水呀长呀嘛长又长啊
太阳一出闪呀嘛闪金光啊
共产党的恩情
比那东海深
渔民的光景
一年更比一年强

一曲《洪湖水浪打浪》，把经典歌剧《洪湖赤卫队》深深印刻在了全国人民的记忆里。歌剧中，贺英的角色来自真实生活中的人物。她原名贺民英，乳名香姑，后改名贺英，是共和国元帅贺龙的大姐，1886 年出生在湖南省桑植县洪家关。1933 年，因叛徒出卖，贺英游击队驻地被包围。在突围中，贺英中弹壮烈牺牲，时年 47 岁。

贺英小的时候没有机会读书，但这并没有影响她对于进步思想的见解。旧社会时，农村封建思想很浓重，女孩子到十三四岁的时候就要裹脚。当时，贺英已经到了裹脚的年龄，却不愿意裹脚，族里的婶婶们都责备她：“这个时候不裹脚，再大一些就没有办法裹小了。如果不裹脚，你长大后怎么嫁得出去。”同乡的其他姐妹都裹了脚，也开始笑话起贺英。

贺英年龄虽小，但坚决抵抗这种恶习，坚决不裹脚。父母实在是担心她的未来，就劝说她裹脚：“香姑，你还是裹脚吧，要不然，让别人笑话你。”贺英回答：“只要腰板挺得直，走的路正，才不在乎脚小不小。再说，小脚怎么干活，怎么走路？”

这种敢于反抗的精神，也注定贺英日后会走上革命的道路。长大后，她加入中国共产党，支持贺龙革命，为革命做出了不朽的贡献。

周老嘴湘鄂西革命根据地纪念馆

概况

周老嘴湘鄂西革命根据地纪念馆位于湖北省监利县周老嘴镇。2005

◎周老嘴湘鄂西革命根据地纪念馆

年 11 月，该纪念馆被中宣部公布为第三批全国爱国主义教育基地。

1928 年秋，共产党人贺龙、周逸群从华容、石首、安乡、监利等地转战桑植、鹤峰、石门等地，成立了中国工农红军第 4 军（后改称红 2 军），开辟了湘鄂边根据地。

1930 年春，红 6 军在监利县成立后不久，开辟了洪湖根据地。7 月，红 2 军和红 6 军在湖北公安会师，组成中国工农红军第二军团，由贺龙任和周逸群领导。自此，湘鄂边、洪湖两个根据地联成一片，形成了湘鄂西革命根据地。之后建立中共中央湘鄂西分局、中共湘鄂西省委、省苏维埃政府、省革命军事委员会等机关。

从 1931 年 7 月到 1932 年 4 月，在这将近一年的时间里，监利县周老嘴一直作为湘鄂西苏区的首府和湘鄂西省政治、经济、军事和文化的中心。湘鄂西省和红二军团的重要机关都设在周老嘴。

周老嘴现保存革命旧址达 48 处，主要有中共中央湘鄂西分局、湘鄂西省委、省苏维埃政府、省军委等旧址；湘鄂西第三次工农兵贫民代表大会会址；段德昌、贺龙、周逸群等人的旧居和革命历史纪念馆和柳直荀烈士纪念亭。

周逸群与贺龙

◎周逸群

周逸群，原名周立凤，1896 年 6 月出生在贵州铜仁一个殷实的家庭中，但父母早逝，由亲戚抚养长大。1919 年，23 岁的周逸群东渡日本留学，在著名的庆应大学攻读政治经济学。期间，他接触到了马克思主义，并且把马克思主义作为自己的终身信仰。1923 年，周逸群回国，在上海参加组织了贵州青年社，创办《贵州青年》旬刊，宣传反帝反封建思想，鼓励和引导青年积极投身革命。1924 年，周逸群在上海加入了中国共产党，立下“只要我一天活着，我就一天不停止党的工作”的铮铮誓言。

北伐战争中，周逸群结识了贺龙，二人相见恨晚，贺龙请周逸群留在1师做政治部主任，从此，周、贺二人成为亲密的战友。南昌起义后，周逸群介绍贺龙加入了中国共产党。

1928年1月，周逸群与贺龙等人来到湘西北。他们共同努力，领导武装斗争，为开辟湘鄂西苏区做出了巨大的贡献。4月，周逸群与贺龙共同组建中国工农红军第4军，并创建了革命根据地。

1929年春，周逸群与贺龙领导鄂西地区军民，运用“敌来我飞，敌去我归，人多则跑，人少则搞”等游击战术，挫败了国民党的多次“清剿”。1930年2月，根据中央指示，周逸群将鄂西红军游击总队的红军中央独立第一师，改编为中国工农红军第6军。在周逸群的领导下，鄂西根据地迅速扩大和发展。

同年夏天，周逸群率红6军回师监利，与贺龙率领的红4军会师，编成红二军团。贺龙任总指挥，周逸群任军团政委兼中共前委书记。此后，周、贺二人又携手创建了湘鄂西革命根据地，使洪湖、湘鄂边根据地连成了一片。

红安七里坪革命纪念馆

概况

红安，原名黄安，位于湖北省东北部，大别山南麓，南临武汉，北接河南，地理位置优越。红安七里坪革命纪念馆位于红安县七里坪镇的列宁小学旧址内。2005年11月，该纪念馆被中宣部公布为第三批全国爱国主义教育基地。

红安七里坪镇是黄麻起义的策源地。红四方面军这支中国工农红军三大主力之一的部队就在这里诞生。它还是全国第二大根据地——

◎黄麻起义会议遗址

鄂豫皖革命根据地的中心。红安七里坪革命旧址保存完整，现存革命旧址 40 多处，包括黄麻起义会议遗址、七里坪革命法庭旧址、秦绍勤烈士就义纪念地、七里坪长胜街革命遗址群、中共七里区委会旧址、列宁市列宁小学旧址、列宁市彭湃街遗址、列宁市杨殷街旧址、南一门遗址、鄂豫皖特区革命军事委员会旧址、中共黄安县委会旧址等革命纪念地。

1927 年，“八七会议”结束不久，中共黄（安）麻（城）特委根据“八七会议”精神，领导了黄麻起义。起义部队在七里坪誓师，后攻克黄安县城，成立了黄安县农民革命政权，并建立了中国工农革命军鄂东军。1929 年，鄂豫根据地形成后，七里坪成为根据地的中心。秋天，在这里召开了鄂豫皖边区第一次工农兵代表大会，选举了苏维埃政府成员。1931 年 11 月，在七里坪组成了由徐向前作总指挥、陈昌浩任政治委员的中国工农红军第四方面军。

七里坪镇后山上的纪念碑富有革命特色。七里坪革命烈士纪念碑

◎七里坪长胜街

坐东朝西，是方柱形，高 10 米，宽 2 米。碑的正面和背面镶满汉白玉，正面镌刻“革命烈士永垂不朽”八个大字，为董必武手书。背面镌刻着董必武为纪念黄麻起义 35 周年写的两首诗：“廿二年间起伏多，黄麻革命涌红波，大山三座终移去，党引工农奏凯歌。”和“燎原烈火起星星，烧却江淮腐恶根，英勇斗争成绩夥，山区到处见新村。”

纪念馆陈列有革命史料，以供后人参观。

红色长胜街

长胜街是七里坪的一条主街，全长 400 米，街宽约 7 米。南北有城门楼，由花岗石条砌成。街道两边房屋清一色的青砖黑瓦、木格窗户、木板门扇，每间房屋的山墙或隔火墙都有龙蛇鸟兽造型装饰。

1926 年，长胜街“柯义生”杂货店的店员郑行瑞，任“七里坪工会”主席，成立了工人纠察队，有力地配合了农民运动。随后，中国共产党历史上最早的劳动保障机构——黄安县及鄂豫皖省苏维埃政府劳工委员会在这里成立。

1927 年 4 月，以配合工农运动的开展，专门惩治土豪、劣绅为目的的。七里坪地区大土豪阮纯青、李介仁，依照《湖北省惩治土豪劣绅暂行条例》被惩治了。这个举措大大助长了工农协会的志气。法庭遗址被保留至今。

9 月，中共黄安县委为传达中共“八七会议”精神，在长胜街举行紧急会议。会议拟定《中共黄安县关于传达贯彻党的“八七会议”精神和省委关于武装暴动的指示的报告》和《中共黄安县委关于武装暴动的计划》。11 月 13 日，中共黄麻特委在长胜街成立了黄麻起义指挥部，七里坪也因此成为起义队伍的重要集结点。最终，黄麻起义成功进行。

1931 年 11 月 7 日，红 4 军与红 25 军合编为中国工农红军第四方面军。成立大会在七里坪西门外河滩上召开，会上任命徐向前为总指挥、陈昌浩任政治委员、刘士奇任政治部主任。红四方面军的指挥部也设在长胜街。后来，红四方面军成为了中国三大主力红军之一，在中国革命史上留下光辉印记。

大悟宣化店中原军区旧址及新四军第五师旧址群

概况

湖北省大悟县东北部的宣化店镇是一个山乡重镇，地理位置优越。它与河南省的罗山县、新县接壤，东近天台山，南出长江，北依大别山。中原军区旧址位于它的南端，原为宣化店商会公寓，是道光年间

◎中原军区旧址

旧式建筑。该建筑占地面积2301平方米，建筑面积1302平方米。2005年11月，大悟宣化店中原军区旧址被中宣部公布为第三批全国爱国主义教育基地。

旧址门向街道开，背临竹竿河，屋面覆盖青灰小布瓦，单檐硬山顶，青砖灌土墙，为砖木结构，门窗上刻浮雕，精工巧艺，十分具有民间特色。前厅和中厅各面阔5间，后厅面阔4间，进深均为2间。前院和后院左右两侧都有厢房。中原突围和周恩来与美蒋代表谈判就曾在这里发生。1974年，谈判旧址等被辟为纪念馆，包括周恩来与国民党代表谈判、中原军区司令部、中原军区大会场、中原军区首长旧居等。1978年，又辟有中原军区革命斗争史陈列室，陈列了大量当年中原军区将士的战斗或生活用品及相关资料。

新四军五师旧址群位于大悟县城南34公里处的白果树湾。2005年11月，这里被中宣部公布为第三批全国爱国主义教育基地。

◎中原军区大会场旧址

◎新四军五师旧址景区全景

新四军五师旧址共 28 处，分布在以白果树湾为中心约方圆 5 公里范围的 11 个自然村中。旧址占地面积近 8000 平方米，总建筑面积 4142.03 平方米。房屋大都是清朝的民用建筑，房屋为砖木结构硬山顶，小青瓦屋面。旧址风格不一，别致多样。有的是宗氏祠堂，外墙青砖到顶，正屋前廊卷棚，室内方砖墁地；有的旧址是二层砖木结构，上房明间上下为鼓皮、雕花装修；有的旧址造型别致。因此，旧址群体现出了浓厚的民间建筑特色。

内战爆发，中原突围

日本投降后，国民党蒋介石政府企图发动内战，一举消灭共产党，因此借着谈判的机会，拖延时间，将自已远在西南的军队运送到东北、华北。共产党则希望国内和平，因此尽一切可能地争取和平民主，反对内战独裁，希望制止国民党发动内战。

1946 年初，李先念领导的新四军第 5 师，王震、王首道率领的 359 旅南下支队和从河南中部南下的王树声的部队准备到安徽向新四军主力靠拢。恰逢此时，这三支队伍接到“停战令”，驻扎在宣化店。国民党得知此消息后，立即集中了 11 个正规军 26 个师 30 多万人，把这三支部队包围，准备全歼。

为防止这三支部队全军覆没，周恩来迫使美方和国民党同意成立三人军事小组。后由马歇尔、徐永昌（徐永昌后托病，由武汉行辕副参谋长王天鸣将军代去）、周恩来组成的军事三人小组前往宣化店。

三人小组途经国民党军事区时，国民党军队正在紧张地准备战势，道路被挖得坑坑洼洼；到了解放区，已是新土垫路，汽车走得十分顺畅。

深夜，周恩来主持中原军区领导干部会议，李先念、郑位三、王震等参加了会议，共同探讨了双方形势，以及国内以后的发展走向。周恩来认为：内战随时可能爆发，和平局面随时可能结束，要做好以防万一的准备。

1946 年 5 月 10 日，中原内战的协议在汉口签订。6 月 22 日，蒋介石密令刘峙向中原解放区发起了全面的进攻，内战彻底爆发。

被围在宣化店的中原军区有 6 万多人马，只要有风吹草动，就会迅速传到刘峙耳朵里。刘峙想以 30 万人歼灭中原军。“卿有张良计，我有过墙梯”，李先念和皮定钧演了一场双簧，把刘峙和美方代表白罗素迷得云里雾里，一场好戏在宣化店上演了。

从 6 月 25 日开始，皮定钧命令中原解放军主力第 1 纵队第 1 旅，一边沿白雀园、泼肢河、济湾大规模构筑军事工事，另一边佯装主力部队从西向东行军。晚上，这支队伍再回来。

刘峙得知解放军的动向后，心中窃喜：我刘峙就等着蒋委座为我庆功吧，一定要将这股部队歼灭。他依然固执地认为中原军区机关仍在宣化店，李先念的主力将向华东豫皖苏解放区突围。

为了迷惑国民党和美国代表，解放军此次计划十分保密，连三人军事小组的执行小组的中共方面的代表任士舜也不得而知。可是狡猾的美方代表白罗素和国民党代表李桂流还是感觉不太对劲。他们认为，如果李先念在宣化店，说明主力队伍没有转移；如果李先念不在，那中原军区主力绝对转移了。于是他们提出要见李先念。

此时，李先念已经率领部队突出重围，正在向离宣化店几十公里得平汉路广水段转移途中。得知这个急讯后，他立马连夜返回宣化店。

为了尽量拖延时间，解放军方面给美方代表白罗素的解释是：李先念抱病，不宜见客，可以改天进行会晤。白罗素像是在将计就计，偏偏以探病为由和李桂流执意要到军区司令部“看望”李先念。

结果令两方代表“大失所望”，李先念不仅身在司令部，还在认真地看着书。当他看到白罗素和李桂流前来“探病”时，主动伸出手拉着两人，热情地寒暄起来。白罗素和李桂流见李先念还在司令部，就像解开了谜题一样，没待多久就放心地回去了。

送走了白罗素和李桂流，李先念即刻快马加鞭向主力部队方向追赶，终于在6月29日赶上了部队。当晚，李先念指挥主力向平汉路守敌发起了攻击。

7月1日凌晨，中原解放军主力部队顺利突破平汉路。刘峙做梦也没有想到，在他30万国民党大军、6000余座碉堡的“铁筒”包围下，李先念能够率领部队不声不响地突围。

“中原突围”的意义在于揭开了解放战争的序幕，牵制了国民党大量兵力，以局部的被动，换取了全局的胜利。1947年邓小平到宣化店后说：“没有中原突围的胜利，就没有一年后的千里跃进大别山。”

宜城张自忠烈士纪念馆

概况

张自忠纪念馆坐落在湖北省荆门市龙泉公园。纪念馆馆舍为四合

◎张自忠将军纪念馆

◎张自忠雕像

院古今建筑风格，典雅大方。全馆分为 11 部分，现存照片、图片、文字 800 余幅，遗物 11 件，后人题记字画 200 多幅。后增开了南瓜店战役沙盘和放映厅、书画展示厅等内容。2005 年 11 月，张自忠纪念馆被中宣部公布为第三批全国爱国主义教育基地。

纪念馆内展厅分为 4 个部分：

第一部分为序幕厅，陈列有毛泽东为张自忠题写的“尽忠报国”字样，以及张自忠牺牲地湖北宜城十里长山、抗日战争爆发地北平宛平卢沟桥的巨幅照片。

第二部分为张自忠生平事迹展览，陈列了 200 余幅珍贵历史照片和部分文字资料。

第三部分为张自忠纪念碑廊，共收入朱德、董必武、李先念、郭沫若、李宗仁、孔德成、季羡林等题词碑刻 50 余块。

第四部分为张自忠故里碑亭。

抗日名将张自忠

张自忠字荩忱，山东临清人，是著名的抗日英雄。

1937 年，卢沟桥事变爆发后，张自忠被任命为第 59 军军长。有感于卢沟桥事变，张自忠边鼓舞战士们边伤感宣誓：“今日回军，除共同杀敌报国外，是和大家一同寻找死的地方。”

1939 年 5 月，日军兵分两路，大举进犯鄂北的随县、枣阳地区，企图围歼第 33 集团军。张自忠预料到日军的险恶用心，派正面部队死守阵地，另派两个师绕道敌人后方，形成夹击攻势，将敌人的计划扼杀在萌芽之中。最终，张自忠部赢得了鄂北大捷的胜利，一举收复枣阳、桐柏等地区。

同年 12 月，不甘心的日军又集中大量兵力向长寿店地区发起进攻。两军激战 7 天 7 夜，驻守长寿店的 132 师阵地多次被突破。日军的攻势十分猛烈，132 师军队难以抵抗。这种情况下，张自忠意欲出奇兵打击日军神经中枢。部队临行前，张自忠发表讲话鼓励将士们。他认为，打仗总会有伤亡，为了国家战死，是很英勇的。带着张自忠的鼓励，第 132 师 359 团在夜间绕道偷袭了日军设在钟祥县的总指挥部。正在进攻中的日军听闻指挥部被攻陷，军心一下子涣散开来。张自忠趁此机会，率军打得日军狂退 60 里。

1940 年，日军大举进攻枣宜地区，后发动了“南瓜店”战役。张自忠亲率部队由汉水西岸东渡抗击日军，最终寡不敌众，5 月 16 日张自忠牺牲于新街乡的十里长山。张自忠牺牲后，朱德、彭德怀为其题写挽联：“一战捷临沂，再战捷随枣，伟哉将军精神不死，打到鸭绿江，建设新中国，贵在朝野团结图存。”

张自忠是中国抗日战争中以上将集团军总司令身份为国捐躯的唯一一人，也是第二次世界大战中同盟国所有牺牲军人中军衔最高的人。

湘鄂边苏区鹤峰革命烈士陵园

概况

湘鄂边苏区鹤峰革命烈士陵园位于鹤峰县城娄水河畔的一个小山

上。山因开满红杜鹃而得名“满山红”，因此湘鄂边苏区鹤峰革命烈士陵园也叫满山红烈士陵园。陵园始建于1959年，占地98亩，建有三处烈士纪念建筑物。2009年5月，该陵园被中宣部公布为第四批全国爱国主义教育基地。

◎湘鄂边苏区鹤峰革命烈士陵园

进入陵园，拾阶上约50米，是贺龙的铜像。铜像高0.86米，像座高1.96米，采用百鹤玉贴面，高大伟岸。铜像背面刻有原全国人大副委员长廖汉生的题词：“贺龙元帅业绩永存”。铜像旁边是烈士祠，祠内陈列着包括蹇先为、徐锡如、陈连振、陈宗瑜等在内的80多位烈士的画像及简介。湘鄂边苏区革命烈士纪念碑位于整个烈士陵园的中心，青石结构，高21.8米，舒展高耸。在纪念碑场地门前屏风上有廖汉生的题词：“继续烈士志，振兴湘鄂边”。

烈士主墓位于陵园山顶，由毛泽东签批的全国第一号烈士——红

◎湘鄂边苏区革命烈士纪念碑

九师师长段德昌、原红九师参谋长王炳南和贺英烈士的忠骨安葬在这里。主墓的后面是由贺龙题写的“革命烈士们的事绩永远鼓舞着我们前进”的汉白玉大理石屏风。

儒将段德昌

段德昌出身在湖南省南县一个贫寒的家庭，年幼的他十分爱学习，儒家四书五经中的很多章节都可以背诵出来。他后来考入长沙雅阁中学，毕业后在家乡的一所小学教书。再后来，段德昌弃笔从戎，投身革命。

段德昌小时侯在南洲厅（南县前身）九都山“五德书院”学习。上课时他表现得很机敏，学习知识很快，下课和同学相处融洽。私塾先生很关注他，认为他将来必成大器。

有一天，南县劝学所所长严世杰到五德书院视察。私塾先生告诉严世杰，说段德昌很有前途。严世杰兴趣大增，想考考这位让私塾先生很得意的学生，于是来到段德昌面前，略微思索，道出上联：“孔夫子、关夫子，两位夫子，圣灵威德同结万世。”

◎段德昌铜像

段德昌听后，毫不犹豫，直对下联：“著春秋、看春秋，一部春秋，庙堂香火永续千秋。”所长哈哈大笑，夸奖段德昌才思敏捷。

段德昌投身革命后，展现出过人的文才武略，很快被提升为红 6 军副军长兼 17 师师长，在洪

湖开展游击战争。一次战斗中，他俘获了当地“白极会”的匪首颜定成。颜定成一向眼高于顶，仗着自己饱读诗书，瞧不起工农革命将士。当颜定成被带到段德昌面前时，他念道：“骑奇马，张长弓，琴瑟琵琶八王子，王王在上，单独作战。”这是一个拆字联，很难对。颜定成是想借此难为段德昌。

段德昌听后，不假思索地说：“袭龙衣，作乍人，魑魅魍魉四鬼儿，鬼鬼居边，合手都拿！”气势恢宏的下联一出，颜定成惊呆了，不敢相信眼前的段德昌如此有能力，叩首臣服。

北伐汀泗桥战役遗址纪念馆

概况

北伐汀泗桥战役遗址纪念馆，位于湖北省咸宁市咸安区西南10公

◎汀泗桥战役纪念馆

里处的汀泗桥。2009 年 5 月，该遗址被中宣部公布为第四批全国爱国主义教育基地。

1926 年 8 月，国民革命军由湘向鄂挺进，军阀吴佩孚调集重军，扼守汀泗桥，企图阻拦国民革命军北上。27 日，由共产党人叶挺率领的国民革命军第四军独立团作为先遣队向吴佩孚军队发起了猛烈的攻击，敌军全线溃退，国民革命军占领了汀泗桥，为攻取武汉打开了南大门，使革命的势力迅速发展到长江流域起到了重大作用。为了纪念这一重大战役及在战役中牺牲的烈士，1929 年，国民革命政府在此修了烈士墓，纪念碑和纪念亭等。

北伐汀泗桥战役遗址，占地面积 20 万平方米，重点保护区一个是马家山，另一个是塔垴山。马家山占地面积 2 万平方米，建有大门楼、烈士纪念亭、碑、墓及陈列室，周边设有护栏。整座山柏树撑天，树

◎汀泗桥战役遗址

木成排，花草成片。塔垴山占地面积18万平方米，现存有老铁桥和古石桥、碉堡、炮台、战壕、猫耳洞，这里曾是北伐战争时期双方交战争夺的重要战场。

遗址大门和烈士纪念碑、亭的建筑风格、设计溶为一体，门楼采用绿色花岗石，铁门用铸铁和方管烧接而成，门楼顶部有叶剑英亲笔题词“北伐先锋”楷体字样。烈士纪念碑位于烈士墓前5米处，与墓成中轴线对称布局，碑占地面积为9.33平方米，高5.2米，为乳白色麻质花岗岩砌制，基座高0.32米正方形，每角设方形立柱一根，高0.64米，边长0.275米，柱头为半球形，碑座为四边形，高1.5米，碑身为四方锥体型，在碑身四个面上都镌刻着“国民革命军第四军北伐阵亡将士纪念碑”，最上方有国民党党徽图案。烈士墓冢占地面积为54.67平方米，墓首为四柱三间式牌坊，中刻碑一块，其上刻有“国民革命军第四军阵亡将士之墓，民国十八年十月立”等字样。

经烈士墓冢前下5级台阶至陈列室，门上挂有“北伐汀泗桥战役遗址纪念馆”匾额。纪念馆陈列展出内容分别为：北伐风云、汀泗鏖战、名将风范和业绩永存4大部分。橱窗内存放有当年北伐军用过的兵器及用品和一些实物资料。

汀泗桥战役

1926年，北伐军从广东肇庆出师北伐，一路高歌猛进，首先与直系军阀吴佩孚的军队展开了激烈的战斗，其中最具有决定意义就是汀泗桥战役。可谓是是威震中外，闻名寰宇。而著名的叶挺独立团也正是在血战汀泗桥战役中一战成名。

叶挺独立团，1925年11月21日在广东肇庆成立，团部设在肇庆阅江楼，全团有2100多人，设有三个营及两个直辖队。1926年1月，叶挺独立团正式改为国民革命军第四军独立团。以叶挺为团长的国民革命军第四军独立团，是第一次国共合作时由中国共产党直接领导的一支革命武装。

5月20日，叶挺独立团奉命进入湖南，增援唐生智部。北伐战争由此拉开序幕。7月9日国民革命军正式誓师北伐，当时国民革命军的军事力量与吴佩孚、张作霖、孙传芳三大军阀相比，显然是敌强我弱。据此，北伐军采取了先打吴佩孚，再打孙传芳的战略部署。于是，国民革命军入湘作战，攻克湖南以后便迅速形成挺进湖北、直逼武汉的态势。

为了打开通往武汉的道路，肃清湖北境内的军阀，国民革命军分几路军向武汉进逼。共产党人叶挺率领的独立团所在的国民革命军第四军，从湖南进入湖北后，从蒲圻的中伙铺、官塘驿一带一直追敌至咸宁汀泗桥，与敌人展开了激战，史称汀泗桥战役。

当时，汀泗桥镇是粤汉铁路线上的一个小镇。然而，这个弹丸之地却不容小觑。它是由湖南进入湖北武汉的第一道门户，桥东面为崇山峻岭，西、南、北三面环水，只有一座百余米的铁路桥（即汀泗桥）可以通过，素有天险之称，素来为兵家必争之地。

吴佩孚苦心经营的汨罗江防线被北伐军攻破后，吴决定在汀泗桥、咸宁、柏墩一线组织防御，阻止北伐军向北推进。8月22日，吴佩孚获悉岳州为北伐军攻占，令其部将宋大霈、董政国收集残部万余人，以宋任指挥，据守汀泗桥；令其武汉方面陈嘉谟部万余兵力南下驰援；并亲率嫡系刘玉春等部昼夜兼程南下。北伐军前敌总指挥唐生智令第4军在吴佩孚主力到来前，迅速攻占汀泗桥；第7军和第8军以积极的作战策应第4军的行动。

26日上午10时半左右，北伐军第12师第35团尖兵连进抵敌军前哨阵地高猪山，双方交火，汀泗桥战役正式打响。此时敌军欲退至铁路桥以东，第35团因受敌人机关枪封锁，无法越过铁路，两军隔河相峙。正午，第36团从上游越过汀泗河，进抵汀泗桥东南边高地附近梅董一带，因敌军居高临下大力扫射，不易前进，于是疏散队形，侦察敌人阵地配备情况，待增援部队到来，再作齐头并进。当第十师行至骆家湾附近时，听到汀泗桥方向枪炮声甚密，知第十二师已与敌军接战，部队迅速前进，并以第28团、第29团向36团右翼延伸，到达丝茅窝一带，30团向36团左翼布阵。独立团一营同时在36团后方张兴国布阵，以便策应各方。北伐军在形成对敌军阵地半月形的包围之后，开始攻击，炮兵也开始向正面的敌军进行攻击，激战一天，北伐军无所进展，一时两军形成胶着状态。

当时吴佩孚的增援部队不日可到，孙传芳也正调兵进入江西，国民革命军士气旺盛，装备不良；勇于进攻，不擅防御。此时如敌人援军一到，北伐军势必陷入被动，战斗只能速战速决。26日当晚北伐军接受36团团长黄琪翔的建议：全线夜袭，突破敌人高地。独立团团长叶挺也建议派部队绕道古塘角，抄攻敌军背后，使敌军腹背受击。深夜12时，36团、28团、29团乘着黑暗逼近敌人阵地，敌人枪炮声不断，而国民革命军衔枚以进，一枪不发，待接近敌人阵地后，用刺刀冲破敌军中部阵地，占领了敌军阵地数处，为总攻夺得了数处有利据点。

27日清晨，北伐军全线发起进攻，30团及独立一营亦加入战斗。这时敌军数次组织反攻，妄图夺回失地，终因北伐军奋勇还击，未能得逞。经过两个小时的激战，塔脑山、石鼓岭相继被北伐军占领，敌军阵线破裂，开始向咸宁城关方向撤退，其中一部分敌军被28团截击缴械。4时，左翼的北伐军12师隔铁路桥与敌相峙，实施抄攻敌人后背之计划。独立团在当地群众引导下经彭碑、尖山于27日上午七点多钟到达古塘角附近的铁路时，正值敌军有秩序地撤退，经独立团突然攻击，顿时变为溃逃，一部分敌军被缴械。

败下阵来的吴佩孚仓皇逃跑，几万敌军被叶挺独立团的勇猛气势和牺牲精神所震慑，不战自溃。在后续部队的支援下，叶挺独立团又乘胜突破敌人后两道防线，打开了通往武汉的大门。

汀泗桥战役，自 26 日上午 10 时，到 27 日上午 9 时汀泗桥东南高地战斗胜利结束，前后仅用约 22 个小时。战役中，北伐军共俘虏敌军官佐一百五十七人，士兵二千二百九十六人，缴获了大量的枪支弹药，在中国革命史上留下光辉的战绩。

在北伐战争中，汀泗桥战役可谓是一大胜仗，叶挺独立团表现非凡，立下了赫赫战功，为国民革命军第四军北伐部队赢得了“铁军”称号。

龙港革命历史纪念馆和龙港革命旧址

概况

龙港革命历史纪念馆和龙港革命旧址群，位于湖北省明新县南部的龙港镇，是土地革命战争时期的历史遗产。2009 年 5 月，这里被中宣部公布为第四批全国爱国主义教育基地。

纪念馆建于 1976 年，内有中共鄂东南特委遗址、特委办公住宿处、特委防空洞、陈列室。馆藏文稿、书刊、信件、武器、壁画、烈士遗物、革命文物和照片 500 余件。

由纪念馆管理的鄂东南苏维埃政府、彭德怀旧居、彭杨学校、红军后方医院等 30 余处旧址，均被国务院列入全国重点文物保护单位。纪念馆还有安葬着 3000 余名红军烈士的公墓和 17 处著名烈士就义地的纪念建筑和传统教育点。

“革命旧址一条街”集中在龙港镇区的鄂东南苏维埃政府、共青团鄂东南特委、鄂东南政治保卫局等革命旧址 15 处，构成了一条 600 米长、5 米宽的龙港老街。

当年，龙港是鄂东南革命根据地的政治、军事、经济、文化中心，

◎中共鄂东南特委遗址

被誉为“小莫斯科”。党、政、军、工厂、学校、医院、银行、商店等48大机关都集中在这里。龙港现在依然保存革命旧址70余处，主要有：彭德怀旧居、中共鄂东南特委遗址、中共鄂东南道委旧址、鄂东南苏维埃政府旧址、鄂东南总工会旧址、鄂东南政治保卫局旧址、鄂东南工农兵银行旧址、彭杨学校旧址、鄂东南电台及编讲所旧址、鄂东南中医院旧址、龙燕区第八乡苏维埃政府旧址等。当年墙标、壁画等100多幅遗迹都保留在这些革命旧址中。

彭德怀旧居

1930年 5 月，彭德怀率红5军第2、3、4纵队抵达龙港。他把井冈山的斗争经验应用在龙港，协助龙港党组织发动群众打土豪、分田地，开展轰轰烈烈的土地革命。

走进彭德怀旧居，跨过两道门槛，右边是一个长方形的卧室。卧室内摆放着一张四柱床，床上有幔帐，床沿雕花，旁边还有木踏。房间虽然简单，里面却别有洞天：由于当时战斗环境十分恶劣，这间房有两道门，一前一后，一出一进。更加神奇的是，这间房子有三条路可以逃生：第一条逃生道路：打开卧室的后门，从右边的楼梯可直接通往二楼；第二条逃生道路：从左边的大门出去，可抵达门外的小河，乘船离去；第三条逃生道路是一条秘密地道。

陆羽纪念馆

概况

陆羽纪念馆位于湖北省天门市竟陵城区西湖之滨，是一座以陆羽生平业绩为主题内容的，具有古典园林特色的纪念博物馆。2009 年 5 月，陆羽纪念馆被中宣部公布为第四批全国爱国主义教育基地。

馆址在陆羽故里——西塔寺原址重建，占地面积 9900 平方米，馆舍由前殿（即陆公祠）、后殿（即大雄宝殿）、涵碧堂、东冈草堂等建筑群组成。

前殿是陆羽纪念馆内的主体建筑，位于竟陵城西寺路西端，殿宇为歇山顶式，结构精巧，造型典雅。祠前有古朴的“山门”，山门门额上“陆羽纪念馆”五个大字为原中宣部副部长、著名诗人贺敬之题写。前殿正中是一尊高 26 米的陆羽全身铜像。铜像左手托杯，品茶的心态、姿态尽显。殿内两侧陈列柜展出的是陆羽遗迹、遗物、文献和照片，以及中外专家学者研究陆羽所撰写的书刊、画册、评价文章等资料。

前殿内东壁悬挂着陆羽的图文并茂的生平简介，共 24 幅；西侧墙壁上悬拴着《陆羽茶经》全部内容。殿内中间展出日本茶道和韩国陆

◎陆羽纪念馆

羽茶经研究会所赠纪念珍品和书刊。

后殿为大雄宝殿，是两层重檐仿唐建筑，规模宏大。第一楼陈列有全市历史文物和传世古物、珍宝3000余件，其中石家河出土的新石器时代的石器、陶器、骨器以及陶制工艺——陶鸟、陶兽等曾在北京故宫博物馆展出。第二楼展出天门市历代名人书画、精品和部分革命文物。

《茶经》的由来

《茶经》是中国第一部茶学专著，由陆羽编撰。它是一部关于茶叶生产的历史、源流、现状、生产技术以及饮茶技艺、茶道原理的综合性论著，不仅是一部精辟的农学著作，还是一本阐述茶文化的书。

《茶经》的作者陆羽是位全才，他不仅仅是一位茶学家，同时还是一位才学逸群的文学家、史学家和地理学家。《全唐诗》中就收录有陆羽的一首诗："不羡黄金罍，不羡白玉杯。不羡朝入省，不羡暮入台。千羡万羡西江水，曾向竟陵城下来。"古人说，"他书皆不传，盖为《茶经》所掩"，也就是说陆羽在其他方面的成都因名作《茶经》而淡然失色了。

陆羽用自己的一生研究茶事，脚步遍及各大茶区。他在不同地方观察茶叶的生长规律，根据当地的水分、土壤、阳光等对茶叶进行鉴别；深入农家看茶农怎样对茶叶进行加工，从加工的过程中进一步分析茶叶的品质的优劣。在长期的观察中，陆羽摸索出了一套民间烹茶技艺的规律。他还品评各地的茶水，每次都是清晨出门，天黑才归，如是多年。

陆羽不仅对茶和水如此上心，还深知茶具对茶叶的发挥具有很大的作用。他以民间茶具和茶器的制作方法为基础，进行创新，最终制造出了独特的茶具。此后，陆羽开始在杼山妙喜寺寄宿，闭门撰写《茶经》。期间，陆羽经过多次修改、补充，使《茶经》的内容逐渐完整。

◎茶圣陆羽塑像

陆羽品水

唐玄宗天宝十一年间，礼部员外郎崔国辅出任竟陵司马。他得知陆羽投身茶事研究，便决定助陆羽一臂之力，把便于携带各种书籍资料的文槐书函和乘骑乌封牛送给陆羽。从此，陆羽开始了他的探茶之路。

陆羽游历了中原、三秦、巴山蜀水及下江一带，足迹踏遍了从东到江浙、南到两广、北达燕赵、西至巴陕的大半个中国。在这广袤的土地上，他不仅考察茶叶的产地、生长状况和品质优劣，还对各名泉、名水按煮茶的水味作了细致的分析和比较。

通过各种对比，陆羽把煮茶的用水进行了细致的排列，前二十名为：第一，庐州康王谷水；第二，无锡惠山石泉；第三，蕲州兰溪石下水；第四，峡州扇子峡虾蟆口水；第五，虎邱寺石泉；第六，庐山招贤寺下方桥潭水；第七，扬子江南零水；第八，洪州西山瀑布水；第九，桐柏淮源；第十，庐州龙池山顶水；第十一，丹阳观音寺井；第十二，扬州大明寺井；第十三，汉江金州中零水；第十四，归州玉虚洞香溪水；第十五，商州武关西洛水；第十六，吴淞江水；第十七，天台千丈瀑布；第十八，郴州园泉；第十九，严陵滩水；第二十，雪水。

随着对水的鉴别，陆羽的茶艺也在不断地提高。一次，御史大夫李季卿巡视江南，陆羽作陪，并表演茶道。李季卿问陆羽："你觉得在此地煮茶，用哪里的水会好?"

陆羽毫不犹豫地说："这里是扬子江南零段，江心的水煮茶最好。"

李季卿下令让士兵从扬子江心提来一桶水。陆羽尝了一口，果断道："这不是江心的水，是江边的水。"士兵十分肯定，说这就是江心的水。听闻此言，陆羽将桶中的水倒去一半，又尝了一遍，才点头道："这次才是真正的江心水。"

李季卿问陆羽从何得知，陆羽淡定道来："江心的水质良好、重，所以能够鉴别。"

事已至此，士兵叹服，不得不承认自己刚才从江心打了水上来，但到江边水洒得只剩半桶，一怕责罚，二懒得折回江心，就从江边灌了一半凑数。

参考文献

1.中共中央宣传部宣传教育局组织编写. 第四批全国爱国主义教育示范基地巡礼. 北京：学习出版社，2009

2.王茂华，周燎刚等. 爱国主义教育示范基地大博览. 北京：红旗出版社，1998

3.北京支部生活杂志社. 红色纪念馆的诉说. 北京：北京人民出版社，2011

4.中共中央宣传部宣传教育局组织. 中国红色旅游. 沈阳：辽宁教育出版社，2008

5.教育部教育管理信息中心. 中华魂——爱国主义教育基地. 北京：人民日报出版社，2006